1分間資本論

Das Kapital
Karl Marx

*

齋藤孝
監修

まえがき

『資本論』全三巻は、ドイツの哲学者で経済学者、社会思想家であったカール・マルクス（一八一八〜八三）の手になる歴史的大著です。**資本主義社会の成り立ちや仕組み、資本のあくなき拡大運動などが緻密《ちみつ》に分析、解明されています。**

内容は経済、社会、政治と広範囲に及び、「マルクス主義」という一大思想の母体となりました。世界中で共産主義運動が起こったのも、革命によってソビエト連邦や中華人民共和国などが誕生したのも、すべては『資本論』の影響だといっていいでしょう。実際に世界を変え、歴史を変えたという事実には、他の本の追随を許さない圧倒的な存在感があります。

そのため『資本論』は、誰でも一度は読むべき本とされました。日本でも多くの人が手に取り、戦後の一時期までは学生の必読書という位置づけもされていました。

しかし、それにもかかわらず、全巻を読み通した人は、そう多くはないでしょう。

理由は三つあげられます。

一つ目は、分量の膨大さです。

十七篇、九十八章に及び、本文は岩波文庫版で約三千四百ページになります。今どきの軽い本に換算すると二十冊超です。聞いただけで、たいていの人は「えっ？」と絶句して読破を諦めてしまうのではないでしょうか。

理由の二つ目は、かなり難解なことです。

資本主義は、十八世紀後半からイギリスで始まった産業革命をきっかけに世界に広まり、マルクスが生きた十九世紀にはヨーロッパ各地で苛烈《かれつ》な抑圧と搾取《さくしゅ》を生んでいました。『資本論』には、当時の労働者の貧困と悲惨、資本家の悪辣《あくらつ》さと富の独占なども詳細に描かれています。きちんと理解するには、経済学の素養に加えて、ヨーロッパ各国の社会、歴史、政治の知識、そして哲学的な思弁力も必要とされるのです。

さらに厄介なのは、マルクスのドイツ語原文がわかりにくいことです。「悪文」と切って捨てる人も少なくありません。いきおい日本語の翻訳文も読みづらくなりました。内容の難解さに、文章の難解さが加わるのです。

理由の三つ目は、「もう『資本論』は過去のものだ。現代の役に立たない」と言われるようになったことです。

ソ連などの社会主義国家が次々と崩壊した頃から、マルクス主義の影響力はめっきり薄れました。一方、資本主義社会は、人々にそれなりの豊かさをもたらしています。マルクスが指摘した課題や矛盾にも立ち向かい、発展していると思われました。

そんな時代の流れの中で『資本論』は、徐々に読まれなくなっていったのでした。

では、今なぜ『資本論』なのでしょうか。
資本主義がほころびを見せ始めたからです。

たとえば二〇〇八年に資本主義の総本山アメリカで発生し、世界的な金融危機を引き起こしたリーマン・ショックが、その一つです。多くの人が資本主義社会の未来に不安を抱くようになり、再び『資本論』が注目されるようになりました。

格差の拡大も、ほころびの一つです。マルクスが指摘した持てる者と持たざる者の格差は、一時期縮まったかに見えましたが、実際は広がる一方で、今や「持てる者〇・五%、持たざる者九九・五%だ」と言う人もいるほどです。

「働けど働けど貧乏から抜け出せない現代日本のワーキング・プアは、十九世紀ヨーロッパの抑圧された労働者と同じかも」「豊かになったように見えるけど、マルクスが指摘した矛盾や課題は未解決のままでは?」といった危機感を持つ人が増え、『資本論』に目が向けられるようになったのです。

『資本論』は、解決策を示しているわけではありません。しかし、少なくとも今の自分が経済の中でどういう状態にあるのか、なぜそうなったのか、経済環境は今後どう変わるのかといったことを見通す強い味方になります。

なぜなら『資本論』は、数式や統計だけに頼って机上で書かれた本ではないからです。マルクスは『フォイエルバッハに関するテーゼ』に「哲学者たちは、世界をさまざまに解釈してきただけだ。肝心なのは、それを変革することである」と記しています。『資本論』も、世界を直視し、社会をよりよく変革したいという情熱をバックボーンにして書かれました。だからこそ、百年以上前の著作でありながら、今を生きる私たちの心に響くものがあるのです。

ところで『資本論』全三巻のうち、マルクス本人が仕上げたのは、全体のほぼ半分を占める第一巻「資本の生産過程」だけです。残る第二巻「資本の流通過程」と、第三巻「資本主義的生産の総過程」は、マルクスの親友かつ同志のフリードリヒ・エンゲルス

（一八二〇～九五）がマルクス没後に遺稿を整理、編集して出版しました。エンゲルスは第四巻も予定していましたが、それは彼の死後にマルクス主義理論家のカール・カウツキー（一八五四～一九三八）によって、『剰余価値学説史《じょうよかちがくせつし》』全三巻として刊行されるという経緯をたどっています。

そのため本書では、引用したマルクスの言葉の多くを、マルクス本人が仕上げた第一巻に絞っています。第二巻、第三巻からの引用はわずかです。そのほうが、膨大な『資本論』のエッセンスを必要十分的に提供できると考えました。

本書を一読した上で、どうしても「第二巻、第三巻の内容も知りたい」と思った方は、読むのは大変ですが、本書で引用した原典に当たるのがよいと思います。

なお、本書の「summary」の欄に記載されている巻数は、日本の読者のために、マルクスによるドイツ語版ではなく、向坂逸郎《さきさかいつろう》氏訳『資本論』（岩波文庫版）の巻数と対応しています。

現状を変革するには、現状を知ることが大切です。本書を、そのお役に立てていただければ、これにまさる幸せはありません。

齋藤《さいとう》 孝《たかし》

目次

1 資本主義は商品の誕生から始まった

2 単なる貨幣がなぜ資本に転化したのか

3 剰余価値は搾取とセットになっていた

4 給料がいつも生活ギリギリである理由

5 労資対立の核心は労働時間の短縮にある

6 仕事をうまく進めれば進めるほど搾取が進む

7 資本主義は機械を人間の支援に使わない

8 労働者を縛る見えない鎖とは何か

9 資本主義につきまとう暗黒の病巣

10 真の革命はいつなされるのか

1

資本主義は商品の誕生から始まった

01

資本主義を知るには、商品を知ることがまず必要だ。

『資本論』は「資本主義社会では、すべてのものは商品だ」という意味の一文から始まっています。

「資本主義的生産様式の支配的である社会の富は、『巨大なる商品集積』として現われ、個々の商品はこの富の成素形態として現われる。したがって、われわれの研究は商品の分析をもって始まる」。

マルクスは、商品を「外的対象」であり「人間のなんらかの種類の欲望を充足させる」ものと定義しています。その欲望がどこから生じているかは問いませんが、**商品を知れば資本主義社会を理解できますよ、というのがマルクスの考え方です。**さらにマルクスはいきなり商品の分析から始まることが『資本論』の理解の障害になるかもしれないとした上で、こう書いています。「労働生産物の商品形態または商品の価値形態は、経済の細胞形態である。……それは、ただ顕微鏡的な解剖で取扱われる問題が同様に細密を極めるのと少しもちがったところはない」と。

たとえば人間を知るには表面だけでなく、顕微鏡や遺伝子のレベルで調べてこそ、起源や未来がわかります。同様に**資本主義社会を知るには、まずそれを構成する商品を詳細に調べることだというのがマルクスの考え方です。**

summary

社会の富は、「巨大なる商品集積」として現われる。
（第1巻1篇1章）

現代資本主義の申し子の一人であるテスラモーターズCEOイーロン・マスクの口癖は「物理学のレベルまで掘り下げろ」ですが、深く理解するには深く掘り下げることが不可欠です。

02

量を変えることで、あらゆる商品は等価交換できる。

商品の価値には「使用価値」と「交換価値」の二つがあります。

使用価値は、使用・消費を通じて欲望を充足させる有用性のことだと定義できます。たとえばパンは食べられることで食欲を満たし、本は読まれることで知識欲を満たします。商品は、人間の欲求を満たすことで価値を持つのです。

マルクスは、これを「一つの物の有用性……は、この物を使用価値にする」と言っています。

交換価値については、こう述べています。

「有用性は……商品体なくしては存在するものではない。だから……使用価値は同時に——交換価値の素材的な担い手をなしている」。

昔話の「わらしべ長者」では、貧乏な人が藁《わら》をミカン↓反物《たんもの》↓馬と物々交換していくうちに大金持ちになります。このように、たとえばミカンと反物を交換できる（交換価値がある）のは、それぞれに使用価値があるからだというのがマルクスの分析です。

もちろん、商品は種類や使用価値が違っており、必ずしもA商品一個＝B商品一個ではありません。しかし、それぞれに確定した量を前提にすれば「A商品X量＝B商品Y量」という交換が可能です。**あらゆる商品は使用価値をイコールでつないで交換できるのです。**

summary

使用価値は同時に交換価値の素材的な担い手をなしている。

（第1巻1篇1章）

たとえば縄文時代などの遺跡を調査すると、相当に隔たった土地の産物が発見されることがよくあります。人間は何千年も前から、使用価値の交換によって社会を維持していたのです。

03

商品の価値は、それに含まれている労働の量で決まる。

商品は、種類や使用価値が違っていても量を変えることで交換が可能です。それはなぜでしょう。そこには何か共通するものがあるからではないかとマルクスは考察を進め、次のような答えを引き出します。「もし商品体の使用価値を無視するとすれば、商品体に残る属性は、ただ一つ、労働生産物という属性だけである」と。

たとえばパンと本は、素材や使用価値は大きく違っていますが、人間の労働によってつくり出されたものという点では共通しているのです。

では、金《きん》はどうでしょう。人間がつくり出したものではありませんが、人間の労働によって掘り出され、加工された点では、パンや本と同じだといえます。

つまり、**商品が使用価値や交換価値を持つのは、それに人間の労働が含まれているからなのです。**こう言っています。

「一つの使用価値または財貨が価値をもっているのは、ひとえに、その中に抽象的に人間的な労働が対象化されているから、または物質化されているからである」。

人間の労働があるからこそ商品は価値あるものとなり、交換可能なものになるのです。商品の価値は、そこに含まれている人間の労働量によって決まるというのがマルクスの「労働価値説」です。労働は尊いものだという考え方が『資本論』の根底には流れています。

summary

使用価値をもっているのは、その中に人間的な労働が対象化、または物質化されているからである。

（第1巻1篇1章）

04

労働時間を見る時は個人別の長短でなく、社会全体の平均値を見る。

人間の労働量は、その商品をつくるために費やされた労働時間で測られます。金《きん》が高価なのは、掘り出すために膨大な時間を必要とするからです。一方、たとえば普段使いの箸《はし》の作製にはさほどの時間を要しないため価格も低くなります。こう言っています。

「使用価値の大いさを規定するのは、ひとえに、社会的に必要な労働の定量、またはこの使用価値の製造に社会的に必要な労働時間にほかならない」

　ここで一つの疑問が湧きます。同じ箸でも、腕のよい真面目な職人は短時間でつくれるのに対し、腕の悪い怠け者の職人は長時間を必要とします。労働時間によって価値が決まるのなら、後者の箸が前者の箸より高価になるというおかしな話になってしまいます。マルクスはこの疑問に**「労働時間」とは個々人の労働時間ではなく、社会全体の平均的な労働時間になると答えています。**

　箸をつくる時間が一人一人違っても、平均すれば、ある量に落ち着きます。その平均的な時間量が、その商品の価値を決めるわけです。

　職人が手づくりしていた高価な商品も、大量生産が始まると平均的な労働時間が短くなり、価格が下がります。このように時代と共に労働時間は変化しますが、**すべての商品には人間の労働時間が含まれており、それがイコールだからこそ、商品はイコールで結ばれるというのがマルクスの考え方です。**

summary

使用価値の大いさを規定するのは、社会的に必要な労働の定量、または使用価値の製造に社会的に必要な労働時間である。
（第1巻1篇1章）

05

生産した
本人だけが
消費するものは、
商品ではない。

「有用であり、また人間労働の生産物であって、商品でないばあいがある」とマルクスは指摘しています。使用価値があるのに商品でないとは、どういうことでしょう。

端的な例が自給自足です。川で魚を釣り、畑で野菜をつくって自分だけで消費する場合の魚や野菜は、いずれも人間労働の産物であり、自分にとって有用ですが、商品ではありません。

自給自足で暮らす人は、使用価値はつくっても商品はつくらないといえます。マルクスは孤島小説の主人公ロビンソン・クルーソーを挙げて、こう述べています。「ロビンソンのすべての生産物は、もっぱら彼の個人的な生産物であった。したがってまた、直接に彼のための使用対象であった」と。

そして、こう述べています。

「商品を生産するためには、彼は使用価値を生産するだけではなく、他の人々にたいする使用価値、すなわち、社会的使用価値を生産しなければならぬ」。

商品であるためには、他の人々にとっての使用価値を持つことが必要なのです。商品として流通するには、それを自分以外の人々が「欲しい、交換したい（買いたい）」と考えることが大切です。日本のある創業者が「儲けること以上に、みんなの『ありがとう』のために」と話していましたが、**働く意味は社会や人々に役立つためにあります。**

summary

商品を生産するには、使用価値だけでなく、他の人々にたいする使用価値、すなわち、社会的使用価値を生産しなければならない。

（第1巻1篇1章）

06

商品は、社会的分業から生まれる。

商品に使用価値と交換価値の二つがあるように、**人間の労働にも、使用価値をつくる労働とそれを交換するための価値をつくり出す労働があるとマルクスは分析しました。**商品生産社会の労働は、このような二面的な性質を持つというのがマルクスの発見の一つです。

　さらに、商品をつくるにはさまざまな労働の組み合わせが必要になりますし、社会そのものが人間の労働の組み合わせによって成り立っています。これがマルクスの言う「社会的分業」です。こう述べています。

「各種の使用価値または商品体の総体の中に、同じく属、種、科、亜種、変種等々というように、種々様々のちがった有用労働の総体が現われている――社会的分業である。この分業は商品生産の存立条件である」。

多くの人が協力することで成り立つ無数の仕事があり、それらが組み合わされて商品がつくられ、社会に富が蓄積されていくのです。

　アップル創業者スティーブ・ジョブズがこんなことを言っています。「言葉も数学も僕は発明していない。自分の食べ物はわずかしかつくっていないし、自分の服なんてつくったことさえない。僕がいろいろできるのは同じ人類のメンバーがいろいろしてくれるからだ。すべて先人の肩に乗せてもらっているんだ」。

　世界は分業でできています。だから自分も社会に役に立つ何かをつくらなければ、というのがジョブズの考え方でした。

summary

社会的分業は
商品生産の
存立条件である。
（第1巻1篇1章）

2

単なる貨幣がなぜ資本に転化したのか

07

貨幣の始まりは、どんな商品とも交換できる布や塩だった。

マルクスは、異なるさまざまな使用価値を持つ商品でも、お互いをイコールで結んでいけることについて、こう述べています。

「諸商品は、その使用価値の雑多な自然形態と極度に顕著な対照をなしているある共通の価値形態をもっているということである——すなわち、貨幣形態である」。

つまり、**すべての商品をイコールで結べる商品があれば、それが貨幣（貨幣商品）になるわけです。**

「肉X量＝魚Y量」といった物々交換は成熟し、たとえば「亜麻布《あまふ》20エレ＝上衣1着」という時、亜麻布の価値は上衣で表現され（相対的価値形態）、上衣は亜麻布の価値表現の材料役（等価形態）を務めるようになります（エレは単位）。

こうして「貨幣商品」が生まれます。亜麻布と上着の関係が他の商品に拡大され「亜麻布20エレ＝上衣1着＝小麦1クォーター＝コーヒー40封度《ポンド》＝金《きん》2オンス」といったように、亜麻布二十エレの価値が他のすべての商品とイコールになることで、亜麻布とあらゆる商品との交換が可能になるのです。亜麻布は特殊な商品種、つまり「貨幣商品」になります。

『資本論』では亜麻布が例になりましたが、子安貝や塩、米なども同じ機能を持つことになります。

物々交換の時代から、貨幣の機能を果たす特別な商品が選ばれ、交換に使われていたというのが貨幣誕生の歴史です。

summary

諸商品は、使用価値は雑多だが、ある共通の価値形態をもっている。すなわち、貨幣形態である。

（第1巻1篇1章）

08

貨幣に性質上適しているのは金や銀である。

商品は交換価値を持っており、他の商品と交換できます。さまざまな商品をイコールでつないで交換するうちに、亜麻布や子安貝、塩、米などの商品が交換を媒介する貨幣の役割を果たすようになります。

やがて、その役割を一つの商品が得ることになりました。それが金や銀でした。「商品価値が人間労働一般の体化物に拡《ひろ》がっていくのに比例して、貨幣形態は、本来一般的等価の社会的機能に適する商品、すなわち、貴金属に移行する」とマルクスは書いています。

ここでいう「貴金属」が金や銀です。こう続けています。

「金と銀はほんらい貨幣ではないが、貨幣はほんらい金と銀である」。

金や銀が貨幣に適している理由は三つあります。

①大きさにかかわらず質が同一である

②量が表しやすい

③分割や合体が簡単

金や銀は歴史上、最初から貨幣だったわけではありません。商品の交換は物々交換から始まり、そこから「貨幣商品」が生まれ、それが金や銀に代替されていったわけです。しかし、世界各地で金や銀が貨幣として使われるようになったところを見ると、やはりマルクスが言うように「貨幣はに性質上適しているのは金と銀」だといえるでしょう。

こうして**金や銀が貨幣としての役目を果たすようになったことで資本が生まれ、資本主義社会が誕生していくのです。**

summary

金と銀はほんらい貨幣ではないが、
貨幣はほんらい
金と銀である。
（第1巻1篇2章）

09

商品→貨幣→商品が、貨幣→商品→貨幣になることで剰余価値が芽生える。

分業が進んだ社会では、ある商品をつくる人は、その商品を売ることで別の商品を手にします。それは物々交換ではなく、貨幣が介在する交換になります。マルクスは「ある商品の形態変化は、すべて二つの商品、すなわち、普通の商品と貨幣商品の交換において行なわれるということである」と述べ、こんな説明をしています。

　ある人が亜麻布二十エレを売って貨幣二ポンドを手にし、次に二ポンドで家庭用聖書を購入します。商品である亜麻布二十エレは二ポンドの貨幣に変わり、さらに二ポンドの家庭用聖書へと変わったわけです。

　マルクスはこの交換過程を次のように表しました。

summary

商品の交換過程は、つぎのような形態変化をなして遂行される。

商品（W）—貨幣（G）—商品（W）。

（第1巻1篇3章）

「商品の交換過程は、こうしてつぎのような形態変化をなして遂行される。

商品—貨幣—商品

W—G—W」

W（ware《ヴァーレ》）は商品、G（Geld《ゲルト》）はお金を意味します。人々は使用価値のある商品をつくり、それを売ってお金を手にし、そのお金で必要な商品を購入するということです。社会全体でそれがくり返し行われているというのがマルクスの分析です。

　さらに「W—G—W」が「G—W—G」となり、最後の「G」が「G´」となることで「剰余《じょうよ》価値《かち》」が生じ、「資本」が生まれることになります。その始まりの等式が「W—G—W」です。

10

貨幣→商品は簡単だが、商品→貨幣は簡単ではない。

商品は貨幣に変わり（W—G）、貨幣は商品に変わる（G—W）わけですが、後者は商品価値に見合う貨幣さえ持っていれば、苦労なく実行できます。しかし前者は簡単なことではないと、マルクスはこう述べています。

「W—Gすなわち、商品の第一の変態または売り。商品価値の商品体から金体への飛躍は……商品のSaltomortale《サルトモルターレ》［生命がけの飛躍］である。この飛躍が失敗すれば、商品は別に困ることもないが、商品所有者は恐らく苦しむ」。

なぜなら、貨幣は他人のポケットの中にあり、商品を売って貨幣を手にするには、売る商品が貨幣所有者にとって使用価値を持つことが不可欠だからです。

しかし、さっきまで亜麻布を必要としていた貨幣所有者が別の人から亜麻布を買えば、自分の亜麻布は行き場を失ってしまいます。あるいは昨日まで二十エレの亜麻布に二ポンドの貨幣が支払われていたのに、ライバルが増えて価格が下落したり、新しい方法によって安く生産ができるようになるかもしれません。そうなれば、二十エレの亜麻布を売って二ポンドを得られると考えていた人は、新たな買い手を探すか、価格を下げて売るほかはなくなります。

このことをマルクスはシェイクスピア劇のセリフを引用して**「商品は貨幣を愛する。が、『誠《まこと》の恋が平らかに進んだ例《ためし》がない』」**と形容しています。

summary

商品から金への飛躍は、商品の生命がけの飛躍である。失敗すれば、商品は困ることもないが、商品所有者は恐らく苦しむ。

（第1巻1篇3章）

11

お金は中立であり、生まれや善悪は問われない。

「お金に色はない」といいます。お金に善悪はなく、真面目に働いて得たお金も卑劣な方法で得たお金も同じだという意味です。確かに、支払いの時「これはどうやって得たお金ですか」などと尋ねる人はいません。

マルクスもこう書いています。「商品は、貨幣となることによって消滅するのであるから、人が貨幣について見るところは、貨幣がその所有者の手中にどうして達したか、または何が貨幣に転化したかということではない」「人は貨幣にたいしては、貨幣に転化された商品がどんな種類のものかということを、少しも顧みない。どんな商品もその貨幣形態においては、他のそれと寸分たがわぬ顔つきをしている」。

こう言葉を継いでいます。「どんな生まれであろうと、お金はくさくないものだ」。

亜麻布二十エレを売って得た二ポンドも、小麦一クォーターを売って得た二ポンドも、同じお金です。二ポンドを持って市場に行っても、人々はそのお金が亜麻布が変態したものか、小麦粉が変態したものかには関心を持ちません。

お金はお金として機能します。

貨幣は一方で売られた商品を代表し、他方で買うべき商品を代表します。こうして一つの売りは貨幣となり、その貨幣が多くの買いを生むことになります。「商品流通の媒介者として、貨幣は流通手段の機能を得る」のです。

summary

どんな生まれであろうと、お金はくさくないものだ。

（第1巻1篇3章）

12

すり減った金貨が
一ポンドとして
使えるなら、
一ポンドと書かれた
紙も使えるはずだ。

金《きん》地金は鋳造され、金貨として流通しますが、流通しているうちにすり減ってきます。すり減ると規定重量より軽くなり、本来は価値が下がるはずです。しかし国家が「これは一ポンド金貨ですよ」と保証していれば、すり減っても一ポンド金貨は一ポンドとして通用します。つまり、必ずしも重さ通りの金でなくてもOKだということです。

　すると次には、国家が金貨を鋳造する際に金の含有量を減らしても「一ポンドは一ポンドだ」ということになってきます。こうして一ポンド金貨は、かつての「金一ポンド分」ではなく、ただの記号となるのです。

　ここから生まれてくるのが、貨幣名が印刷されている紙券「国家紙幣」です。

　マルクスはこう言っています。

「通用している間に、金貨は磨滅する……金の鋳《ちゅう》貨《か》実在は、全くその価値実体から分離される。こうして、相対的に価値のない物、紙券が、金のかわりに鋳貨として、機能しうるのである」。

　かつて紙幣は「兌換《だかん》紙幣」と呼ばれ、一ポンド紙幣は一ポンド分の金と交換できました。

　しかし、やがて金の量の不足などにより、金と無関係に紙幣が発行され始めます。マルクスは「紙幣は金標章または貨幣標章である」と言っています。

流通の中で紙幣が誕生したことで、金が表していた価値はますます見えにくくなっていくのです。

summary

金《きん》の鋳《ちゅう》貨《か》実在は、その価値実体から分離される。こうして、相対的に価値のない紙券が、金のかわりに機能しうるのである。
（第1巻1篇3章）

13

お金を貯める人と増やす人は違う。資本家は後者である。

お金があれば必要なものを買うことができます。また、お金は値段が高いか安いか、つまり価値を判断する尺度です。

同時にお金は、蓄えることもできます。

マルクスは、お金を蓄えることを「貨幣退《たい》蔵《ぞう》」と呼んでいます。そして、貨幣退蔵者はお金を貯める人、資本家はお金を増やす人というふうに区別した上で、前者についてこのように書いています。

「貨幣退蔵者は、黄金神のために自分の肉欲を犠牲にする。……多く売って少なく買うということが、彼の経済学のすべてである」。

アメリカ建国の父といわれるベンジャミン・フランクリンと、世界で最も成功した投資家で富豪のウォーレン・バフェットには共通のマネー哲学があります。「入るよりも出るを少なく」です。これが徹底できれば、たとえ収入は少なくても、誰でもそれなりのお金を残すことができるというのが彼らの考えです。

マルクスも同じことを指摘し、こう述べています。「彼（貨幣退蔵者）が流通から貨幣で引上げることのできるものは、彼が商品として流通に投じたものだけである。彼は生産するほど、多くを売ることができる。したがって、勤勉と節約と吝嗇《りんしょく》は、その主徳をなしている」。

しかし、資本家は違います。勤勉と節約とケチ以上のやり方で、お金そのものを増やそうとするのです。

summary

多く売って少なく買うことが、貨幣退蔵者の経済学のすべてである。

（第1巻1篇3章）

14

貨幣に利益を生ませることで、資本家が登場する。

貨幣はどのようにして資本になるのでしょうか。たとえば亜麻布を売って得た貨幣で別の商品を買うといった「売りをもって始まり、買いをもって終わる」単純な商品流通は「W―G―W」で表されます。

やがて「G―W―G」を始める人々が出てきます。「買いをもって始まり、売りをもって終わる」流通です。まず手元にお金があり、それで購入した商品を売って再びお金を得るのです。さらに、たとえば一万円を投じて一万円を得るのではなく一万一千円を得る人も出てきます。**等価交換ではなく、価値が増えていくこのような流通は「G―W―G´」で表されます。G´とは「G＋利益」ということです。**

summary

価値は、流通において自己保存をするだけでなく、価値の大いさを変化させ、剰余価値を付加する。この運動が価値を資本に転化する。
（第1巻1篇4章）

この利益が「剰余価値」です。マルクスは剰余価値を増やす運動が資本を生み、資本家が誕生すると考えました。「最初に前貸しされた貨幣額プラス増加分。……この増加分、すなわち最初の価値をこえる剰余を、私は――剰余価値と名づける」と述べ、こう続けています。

「最初に前貸しされた価値は、流通において自己保存をするだけでなく、ここでその価値の大いさを変化させ、剰余価値を付加する。すなわち、価値増殖をなすのである。そしてこの運動が、この価値を資本に転化する」。

お金を投じることで利益を得ることが「貨幣が資本に転化する」ことになります。資本はこうして誕生したのです。

15

貨幣は人間による労働の価値を表す尺度なのだ。

マルクスは、**貨幣には「価値尺度」「流通手段」「貨幣」という三つの機能があり、貨幣としての金《きん》には「退蔵貨幣」「支払い手段」「世界貨幣」という三つの機能がある**と指摘しています。

「世界貨幣の機能」とは、お金の単位が違う国同士の支払い手段になるということです。そこでは紙幣や鋳造貨幣ではなく、金や銀が貨幣の役割を果たすのです。「貨幣は、国内流通部面から外に出るとともに、その国で生長していた価格の尺度標準、鋳貨、補助貨および価値標章の地方形態を再びぬぎすてる。そして貴金属の本来の地金形態にかえる。……世界市場においては……金と銀とが支配的である」とマルクスは書いています。

summary

貨幣は、
人間労働の
社会的
化身である。
（第1巻1篇3章）

今日のＩＭＦ体制では金や銀ではなく、ドルという信用貨幣が使われていますが、こうなると貨幣について忘れがちなことがあります。「貨幣は人間の労働を体現した商品である」という視点です。こうくり返し書いています。

「貨幣は、人間労働の社会的化身として、価値の尺度である」「世界市場ではじめて、貨幣は、充分な範囲で商品として機能する。そしてこの商品の自然形態が、同時に人間労働一般の直接に社会的な実現形態である」。

支払いや商品の流通に貨幣は大きな役割を果たしますが、**商品が価値を持つのは人間の労働があるから**です。貨幣は労働の価値を表す尺度だということを忘れてはいけないのです。

3

剰余価値は搾取とセットになっていた

16

資本家は価値を増殖させるために、お金を使う。

資本家は、貨幣退蔵者とどこが決定的に違うのでしょうか。マルクスはこう説いています。

「貨幣退蔵者が獲ようと努力する価値の休みなき増大は、貨幣を流通から救い出そうとすることによって、行なわれるのであるが、より聡明なる資本家は、これを常につぎつぎに流通に投げ出すことによって達成する」。

貨幣退蔵者は、つくった商品を販売して得たお金を使わないことでお金持ちになろうとします。これが「貨幣を流通から救い出そうとする」という意味です。

資本家も、手元のお金で得た商品を販売してお金を手にしますが、貯め込むのではなく、次の商品の販売や生産に使うことでお金持ちになろうとします。これが「貨幣を常につぎつぎに流通に投げ出す」という意味です。

つまり、**同じようにお金を持っていても、資本家は、それで何かを買って、価値を増やしてから売るのです。手持ちのお金を「資本」としてどんどん増やそうとする人、価値の増殖をひたすら追い求めるのが資本家だといえます。**

マルクスは、こう書いています。「(価値の増殖を目的とする資本) の運動の意識的な担い手として、貨幣所有者は資本家となる。彼の一身、またはむしろその懐《ふところ》は、貨幣の発出点であり、帰着点である」と。

資本としての貨幣を何がなんでも増やそうとする貪欲な人が資本家なのです。

summary

資本家は、貨幣を常につぎつぎに流通に投げ出すことによって価値の増大を達成する。
（第1巻1篇4章）

17

資本家は
資本の奴隷になり、
資本の代理人として
生きていく。

「お金が目当てで会社を始めて成功させた人は見たことがない」とはスティーブ・ジョブズの言葉です。

ジョブズは「お金を儲けたい」という動機で起業を志す若者には、いつも「やめておけ」と諭しました。アイデアの実現や、社会のために役立ちたいといった動機で起業してこそ、苦労を乗り越えて成長できるからです。

とはいえ当初は立派な動機を持っていても、成功するにつれて「もっとお金を儲けたい」とお金儲けが目的になってしまう場合も少なくありません。マルクスもこう指摘しています。

「抽象的富の取得増大のみが、彼（資本家）の行動のもっぱらなる推進的動機であるかぎり、彼は、資本家として、また人身化せられ、意志と意識とをあたえられた資本として、機能する」。

資本家になった「人間」が、いつしか、お金を増やす「資本そのもの」に化けてしまうことがあります。それが「意志と意識をあたえられた資本として機能する」という意味です。

現代の企業でも、よりよいものを世に出したいという思いが「お金第一」に変化し、間違った方向に進むことがよくあります。商品の偽装や品質のごまかしなどの背景にも「品質よりもお金や効率」という考え方があるように思えます。

資本家はお金儲けが目的化してしまい、お金の奴隷になり下がる危険が大きいことを、マルクスは見通していたのでしょう。

summary

資本家は、人身化せられ、意志と意識とをあたえられた資本として、機能する。

（第1巻2篇4章）

18

労働力は特殊な商品だ。うまく使えば剰余価値を生み出す。

剰余価値を生み出すには「G—W—G」の最後のGが「G´」になることが必要です。しかし、一万円で購入した商品に何の手も加えなければ、一万円以上で売れることはありません。GがG´になる秘密を、マルクスはこう述べています。

「ある商品の消費から価値を引出すためには、わが貨幣所有者は……一つの商品を発見しなければならぬ。……その商品の使用価値自身が、価値の源泉で……価値創造であるというのでなければならぬ。そして貨幣所有者は、市場でこのような特殊な商品を発見する——労働能力または労働力がこれである」。

貨幣所有者（資本家）は何万円も出して工場を建て、機械設備や原材料を買います。その上で労働者を雇用する（購入する）のです。購入するのは労働者自身ではなく、労働力です。労働力を投入して商品をつくるのは労働力の消費であり、一方で付加価値を生む行為でもあります。マルクスは労働力のこうした不思議さを**「その商品の使用価値自身が、価値の源泉」**だと表現したのです。

資本家はつくった商品を売ることで、最初に買った機械設備や原材料を上回る利益を得られるようになります。その差額が剰余価値となるのです。

労働力は、付加価値を生む力を持っています。これが他の商品と違う労働力の価値です。資本家は労働力を買い、使うことによって資本を大きくできるのです。

summary

その商品の使用価値自身が、価値の源泉であるという特殊な商品とは、労働力である。

（第1巻2篇4章）

19

資本家は剰余価値を得るためにのみ労働者を雇う。

資本家が工場を建て、機械設備や原材料を買い、労働者を雇用して商品を生産するのは何のためでしょう。マルクスは二つのポイントを挙げています。

一つは「使用価値」と「交換価値」を併せ持つ商品を生産して、貨幣を得るためです。使用価値があっても交換価値のない商品、つまり売れないものをつくっても、意味はありません。

二つ目は使用価値と交換価値に加えて「剰余価値」を持つ商品をつくるためです。資本家が目指すのは商品を自分のために使うことでも、他の商品と等価交換することでもありません。資本家が望むのは利益を得ることです。資本家が労働者を雇用するのは、人間労働によって剰余価値を持つ商品をつくるためです。

マルクスはこう書いています。

「彼（資本家）は、その生産のために要した諸商品の価値総額よりも……高い価値をもっている商品を、生産しようと欲する。……使用価値のみではなく価値を、そして、価値のみではなく剰余価値をも生産しようと欲する」。

諸商品の価値総額とは、資本家が大切な貨幣を前貸しして得た工場や機械設備といった生産手段や労働力の価値を指します。

資本家が使用価値、交換価値、剰余価値を併せ持つ商品を生産しようとする結果、資本主義社会における労働過程は、単純な「価値形成過程」ではなく「価値増殖過程」とならざるを得ないのです。

summary

資本家は、使用価値のみではなく価値を、そして、価値のみではなく剰余価値をも生産しようと欲する。

（第2巻3篇5章）

20

剰余価値を生むため、労働者は給料分よりはるかに長く働かされる。

資本家が得たいのは剰余価値です。もし投下した貨幣と同じ価値の商品しか生産できなかったら「資本家はびっくりする」とマルクスは書いています。資本家は、自分の貨幣を増やすために、貨幣を前貸ししたのです。生産物の価値が前貸しした貨幣の価値に等しいのでは、何にもなりません。

そのため**資本家は労働者を、給料（賃金）分の労働時間をはるかに超えて使うことで剰余価値を生み出そうとします。**たとえば六時間働けば給料を払える場合も、資本家は労働者と十二時間労働の契約を結びます。労働者が給料分以上の六時間働いてつくり出した価値は、会社のものになるのです。

「労働者は、六時間に止まらず、一二時間の労働過程に必要な生産手段を、作業場に見出すのである。一〇封度《ポンド》の綿花が、六労働時間を吸収して一〇封度の撚糸に転化したとすれば、二〇封度の綿花は、一二労働時間を吸収して二〇封度の撚糸に転化されるであろう」とマルクスは述べています。給料分だけ働いても価値は形成されますが、それでは「剰余価値」は形成されないのです。**労働者が給料分を超えて働くことで剰余価値を生み出すことを、マルクスは「資本主義的生産過程」と呼んでいます。**

資本家は購入した労働力を長時間稼働させることで価値を増殖させるのです。こうも述べています。

「価値増殖過程は、ある一定の点を越えて延長された価値形成過程にほかならない」。

summary

価値増殖過程は、ある一定の点を越えて延長された価値形成過程にほかならない。

（第2巻3篇5章）

21

機械設備を
フル稼働
させるために、
人間が酷使される。

資本家は剰余価値形成のために、工場や機械設備もフル稼働させようとします。

たとえば製鉄所の高炉《こうろ》は、燃料を高熱で燃やして鉄を生産しています。仮に労働者が一日十二時間しか働けないとすると、残りの十二時間は高炉の火を落とす必要があります。

ところが高炉は一度火を止めると、再び高熱にするのに時間がかかるので、多大な時間的ロスが生じるのです。そこで資本家は、高炉を二十四時間稼働させてムダなく鉄を生産し続けよう、と考えます。

マルクスは「夜間に休止していて、何らの活きた労働をも吸収しない熔鉱炉や労働用建物は、資本家にとっては『純粋な損失』である」と言い、資本家のエスカレートを、こう述べています。「それゆえに熔鉱炉や労働用建物は、労働力の『夜間労働にたいする請求権』をなすのである」。

つまり、**人間に合わせて労働を決めるのではなく、生産手段に合わせて労働が決まるようになるのです。**こう書いています。

「もはや労働者が生産手段を使用するのではなく、生産手段が労働者を使用するのである」。

とはいえ労働者は一日十二時間しか働けませんから、資本家は、昼夜二交代制にしてしまえと発想します。その結果、昔は夜など働かなかった労働者は昼夜の別なく働くようになったのです。仕事場を変えて一日に二度働く「リレー制度」なども案出され、労働条件は悪化していきます。

summary

労働者が生産手段を使用するのではなく、生産手段が労働者を使用するのである。

（第2巻3篇9章）

4

給料がいつも生活ギリギリである理由

22

剰余労働時間は、給料に含まれていない。

労働者は自分の労働力を商品として資本家に売ることで生活するわけですが、では、労働力の価値はいくらでしょう。給料はどんな基準で決まるのかということです。

マルクスはこう言っています。

「労働力の価値は、すべての他の商品の価値に等しく、この特殊なる商品の生産、したがってまた再生産に必要な労働時間によって規定される」。

人間が生きていくには三度の食事と、休養と睡眠を取る住居が必要です。衣服や家具什器《じゅうき》も欠かせません。会社や工場に行く交通費、知識や技術を習得する教育費、家族がいれば、その生活費なども必要です。労働者が元気で働き続けるためのこうした費用が給料の基準になります。**労働力の価値は、労働者が生きていく「再生産の費用」で決まるのです。**

つまり、再生産の費用を生むために必要な労働時間が労働者の交換価値となります。

しかし資本家は、労働者を必要な労働時間だけ働かせるわけにはいきません。それでは「給料分働く」だけになり、求めてやまない剰余価値が生まれないからです。労働者に剰余価値を生み出させるために、資本家は労働の再生産に必要な「必要労働時間」に、資本家の利益となる「剰余労働時間」を合計した長い労働時間で雇用契約をするのです。

マルクスは、資本家が労働者に剰余労働をさせることを「搾取《さくしゅ》」と呼んでいます。

summary

労働力の価値は、すべての他の商品の価値に等しく、この特殊な商品の生産、したがってまた再生産に必要な労働時間によって規定される。
（第1巻2篇4章）

23

資本家は、剰余価値を生むのは自分の才覚と機械だと主張する。

商品売買の前提は等価交換なのに労働力に関しては不等価交換が行われているとマルクスは分析しています。

労働者が必要労働時間をはるかに超えて働かされることを、マルクスは「搾取」ととらえました。ところが資本家は、剰余価値は自分の才覚と機械などによって生まれると考えるのです。マルクスは、こう皮肉っています。

「ここにもっぱら行なわれることは、自由、平等、財産、およびベンサム（功利主義）である」。

資本家の考えはこうです。

労働者と資本家は自由意思で動き、法的にも対等だから自由だ。両者は労働力と貨幣という商品所有者としてのみ関係を持ち、等価と等価を交換するから平等である。また、両者は労働力と貨幣という互いの財産を処理するだけだ。両者は互いに自分のことにしか関心がなく、共通利益、総利益のために働く。

つまり、資本家は等価交換を行ったただけであり、剰余価値を生むのは自分の才覚と機械だと考えるのです。マルクスは労働者の運命をこう書いています。

「貨幣所有者は資本家として先頭に進んでいる。労働力所有者は、その労働者として彼の後に従っている。……おずおずといやいやながら、ちょうど身を投げ出して尽くしても、もはや——打ちのめされるほかに、何も期待できない人のように」。

summary

貨幣所有者は資本家として先頭に進んでいる。労働力所有者は、彼の後に従っている。ちょうど打ちのめされるほかに、何も期待できない人のように。

（第1巻2篇4章）

24

労働者の立場は弱い。労働力以外に売る商品がないから。

貨幣を資本に転化するには、貨幣所有者が市場に、商品としての労働力を見出す必要があります。そのためには二つの自由を持つ人が必要だと、マルクスは分析しています。

一つは「私の労働力を売ってもいいですよ」と言える自由です。

欧州の封建社会や日本の武家社会では、人々は王侯や藩主の所有物のようなものですから、どこで働くかなどを自由に決められませんでした。これでは資本家と労働者が雇用契約を結ぶのはムリです。契約を結ぶためには、どこで働くかを自由に決められる、つまり労働力を自分の判断で売れる個人の存在が不可欠です。もう一つは、**労働力以外に売るものを持たないという逆説的な「自由」**です。

たとえば農地や漁船を持つ人は、労働力を売らずとも農業や漁業で生活できます。こうした生活手段を持たない人は、農地や漁船から「自由」だともいえ、労働力を売る労働者になるのです。マルクスはこう述べています。

「貨幣の資本への転化のために、……貨幣所有者は、自由なる労働者を商品市場に見出さなければならぬ。二重の意味で自由である。すなわち、彼は自由な人格として、自分の労働力を商品として処置しうるということ、……売るべき他の商品をもっていないということ」。

summary

資本家は、二重の意味で自由な労働者を見出さなければならぬ。自由な人格として、自分の労働力を処置しうること。売るべき他の商品をもっていないこと。

（第1巻2篇4章）

25

資本家は、労働力の売り手を常に探している。

資本主義社会は、どこで働くかを自由に決められ、かつ労働力以外に売るものを持たない「労働者」が市場に現れることで生まれたわけです。マルクスはこう書いています。

「資本は、生産手段および生活手段の所有者が、自由なる労働者を、彼の労働力の売り手として市場に見出すところにおいてのみ成立する」。

確かに、歴史を遡《さかのぼ》れば「労働者」と呼ばれる人々は存在しませんでした。

過去において、働く人は奴隷だったり、王侯や藩主の所有物のようなものだったりで、どこで働くかを決めたり、労働力を売ったりすることは不可能でした。

こうした支配を離れた後も、多くの人は農業や漁業などを営むことで生活していました。農地や漁船を持ち、自分の労働力を農業や漁業に振り向ける独立生産者でもあったわけです。

彼らが土地を離れ、都会に出て行く過程で独立生産者は減少し、何も持たない「労働者」が急速に増えています。

これを「資本主義が生まれる過程は、独立生産者の没落の過程」と評する人もいます。しかし、マルクスは「歴史的発展の結果であり、多くの経済的変革、すなわち、永い系列をなす社会的生産の古い諸形式消滅の産物である」と評しています。**二つの自由を持つ労働者は歴史的発展の中で生まれ、「社会的生産過程のある時代を告知する」のです。**

summary

資本は、生産手段の所有者が、自由なる労働者を、彼の労働力の売り手として市場に見出すところでのみ成立する。

（第1巻2篇4章）

26

労働力を売ることで、労働者は資本家に管理される。

マルクスは、労働者の働き方には二つのことが課されると指摘しています。**一つは管理です。**労働力はそれを買った資本家のものですから、労働時間中は資本家の管理に従わざるを得ません。サボらない、原材料を浪費しない、機械設備を大切に扱って壊さないといったルールを守らされるのです。

もう一つは所有関係です。労働者はさまざまな商品を生産します。それらは自分がつくったものですが、自分の所有物ではありません。あくまで資本家の所有物なのです。マルクスはこう言っています。

「労働者は、彼の労働を所有する資本家の管理の下に労働す

「……かくして原料は浪費されることなく、労働用具は大切にされる……。また第二には、生産物は資本家の所有物であって、直接生産者の、労働者の、所有物ではない」。

当然の話と思えますが、ここに資本家と労働者の関係が明確に示されています。労働者は自由な存在として労働力を売りますが、労働時間中は自由を制限されますし、自分がつくったものも自分の所有ではないのです。かつて日本企業がある国で生産を始めた時、労働者が「自分のつくったものだ」と勝手に商品を持ち出して困ったという話があります。資本主義社会の「当然」が通用しなかったケースです。

summary

労働者は資本家の管理下で労働する。原料は浪費されることなく、労働用具は大切にされる。また、生産物は資本家の所有物であり、労働者の所有物ではない。

（第2巻3篇5章）

27

労働者は、資本家に雇われて労働の生産的消費を行う。

消費というと、生活のためにお金や物を使ってなくすことだというイメージがあります。しかしマルクスは、消費を「個人的消費」と「生産的消費」に分けて考えました。こう言っています。

「生産的消費が、個人的消費から区別されるのは、後者は生産物を生きた個人の生活手段として消耗し、前者は労働の生活手段として、個人の活動しつつある労働力の生活手段として消耗する、ということによる」。

個人的消費とは、何かを買って食べたり着たり使ったりする消費です。いわゆる消費といえます。

一方、生産的消費はまるで違います。たとえば、ある商品をつくるには機械設備や原材料が必要です。それらを生み出すために、すでに多くの労働力が消費されていますが、労働者はその機械設備や原材料を消費し、さらに自分の労働力も消費することで商品をつくります。これが生産的消費です。端的にこう表現されます。

「労働は生産物を作り出すために生産物を消耗する」。

かつてこうした労働過程は、たとえば土地を相手に行われていました。自分のために生産的消費を行い、個人的消費をしていたのです。ところが資本主義社会では、資本家が労働過程に必要な全要素（生産手段と労働力）を購入後に、労働者に生産手段を消費させます。

労働者は、資本家に雇われて労働力の生産的消費を行うのです。

summary

労働は
生産物を
作り出すために
生産物を
消耗する。
（第2巻3篇5章）

28

成人男子
だけでなく、
その妻や子供も
働かざるを
得なくなる。

資本家と労働者の関係は、機械装置の普及によって大きく変わっていきます。マルクスはこう指摘しています。「機械装置は……、労働者と資本家とのあいだの契約をも、根底から変革する」。

資本主義の成立には、自由な労働者の存在が欠かせません。人間が、自分の唯一の商品である労働力を自由に売るということが大原則です。この大原則も崩れ去るというのです。

どのように変わるのでしょうか。マルクスはこう言っています。

「いまや資本は、未成年者または半成年者を買う。以前には労働者は彼自身の労働力を売ったのであり、彼はこれを、形式的には自由な人として処分しえた。いまでは彼は妻子を売る。彼は奴隷商人となる」。

summary

いまや資本は、未成年者を買う。いまでは労働者は妻子を売る。彼は奴隷商人となる。
（第2巻4篇13章）

なぜこんなことになってしまうのでしょう。機械装置の普及によって、労働者が成年男子である必要がなくなるからです。**資本家は、安く雇用できる児童や女性を働かせることによって、より多くの剰余価値を得たいと考えるようになります。**

一方、児童や女性が雇用されることで労働者の数が増大すれば、一人当たりの給料は下がります。家長である夫が労働力を売るだけでは家族を養えなくなり、子供や妻も労働力として資本家に提供せざるを得なくなるのです。それは子供の健康や教育に悪影響を与え、家庭も変容していくなどの社会問題につながっていきます。

5

労資対立の核心は労働時間の短縮にある

29

資本は労働時間の収奪によって活気づく吸血鬼だ。

マルクスは、一日に何時間働くかを「労働日」と呼び、**資本家と労働者は、労働日をめぐって二律背反的に対立すると指摘しています。**

労働者は、労働時間を法外に延長されたくありません。それは「労働力の過剰支出」になるからです。労働者はこう訴えるでしょう。「君（資本家）は（僕=労働者の）三日分の労働力を消費するのに、一日分を僕に支払う。それは、われわれの契約と商品交換の法則に反している。そこで、僕は標準的な長さの労働日を要求する」と。

一方、資本家は剰余価値を得るために活動していますから、必要労働時間よりも剰余労働時間を長くしようとします。労働日を極限まで増やしたいわけです。資本家にはこのような「能《あた》うかぎり多量の剰余労働を吸収しようとする衝動」があり、マルクスはその衝動を吸血鬼のようだと述べています。

「資本は、ただ生きた労働の吸収によってのみ、吸血鬼のように活気づき、またそれを多く吸収すればするほど、ますます活気づく」。

資本家は、給与を支払って労働力を買った以上、それを目一杯使いたいと考え、「買い手としての権利」を主張します。労働者は「売り手としての権利」を主張します。権利と権利の対立が生じて「資本家の階級と労働者階級の一闘争として」現れるというのがマルクスの分析です。

summary

資本は、生きた労働の吸収によってのみ、吸血鬼のように活気づき、またそれを多く吸収すればするほど、ますます活気づく。

（第2巻3篇8章）

30

労働者は宿命的に
長時間労働を
余儀なくされる。

かつて新入社員に「給料の三倍働け」と心構えを説く人がいたものです。給料分だけ働けばいいのではない、それを何倍も上回る仕事をしてこそ自分も会社も成長できる、という自己啓発的な言葉だったでしょう。

　しかし、そんな心構えを持とうと持つまいと、**労働者は自分を再生産する必要労働を超えて、剰余価値を生み出す剰余労働に駆り立てられる存在**なのです。

　マルクスはこう言っています。

「社会の一部が生産手段を独占しているところでは、どこでも労働者は、自由であれ不自由であれ……、自己保存に必要な自分の労働時間に、超過労働時間を追加せねばならない」。

summary

どこでも労働者は、自己保存に必要な労働時間に、超過労働時間を追加せねばならない。

（第2巻3篇8章）

　たとえば、かつての金山や銀山では、労働のほとんどが剰余価値に向けられるという過酷さでした。奴隷として働かされた黒人は「七年間の労働でその生命を消費する」ほど非人道的に扱われたといわれます。必要労働などほとんど考慮されず、ただひたすら剰余価値の生産を目的に使役されたのです。

　マルクスが『資本論』を執筆した当時の労働者は、そんな鉱山労働者や黒人奴隷よりはましでした。しかし、生産手段を所有する人たちが常に剰余価値の増大を渇望し、そのためにあらゆる手段を駆使することに変わりはありません。資本家は「労働日の無制限の延長への衝動」に駆られると、マルクスは指摘しています。

31

資本家は
切れ端の時間を
盗んでは、
剰余労働に充てる。

切れ端《はし》の時間を有効活用すれば成長できると、米国の自己啓発作家デール・カーネギーは説きました。たとえ数分間の空き時間でも読書に充てれば、一年間では何冊もの本を読めます。二十四時間は誰にも平等なのだから自分のために大切に使え、ということです。

ところが**資本家は、労働時間を引き延ばすために切れ端の時間を盗もうとする**のです。

たとえば一八五〇年にイギリスで成立した工場法は、労働時間を平均十時間と定めています。平日は朝六時〜夕方六時、土曜は朝六時〜午後二時まで工場にいて、拘束時間は十二時間。そこから朝食の三十分、昼食の一時間が差し引かれて労働時間は十時間半。土曜を含めると合計六十時間、平均十時間になります。

これでもかなりの長労働時間ですが、資本家はさらに切れ端の時間を集めます。朝食の始めと終わりを各五分、昼食の始めと終わりを各十分削り、十五分ずつ始業を早めて終業を遅らせれば、労働時間は一日一時間増えます。

「あちこちで切れはしの時間をつかまえることによって得られる、毎日一時間の追加は、一年の一二ヵ月を一三ヵ月にする」。

ある工場主も、マルクスにこう言ったそうです。「あなたが、毎日わずかに一〇分の超過時間だけ労働させることを、私に許すならば、あなたは年々一〇〇〇ポンドを、私のポケットに入れるのだ……。一刻一刻が利得の要素である」と。

summary

切れはしの時間をつかまえることによって得られる、毎日一時間の追加は、一年の一二ヵ月を一三ヵ月にする。

（第1巻3篇8章）

32

資本家は、短い休憩以外はすべて労働時間にしたいのである。

『資本論』は、当時の子供や女性が置かれていた悲惨な状況をしばしば描いています。特に、満足に教育も受けられない子供が夜間労働に駆り出され、満足な休息も与えられない事例を指摘しています。

マルクスが引用した報告書では、十二歳の少年は深夜二時まで働いた後、工場で朝五時まで三時間だけ眠り、再び仕事を始めるという信じ難い働き方を強いられています。教育を受けられないどころか、健康に育つこともできない水準です。マルクスが**「資本は、身体の成長、発達、および健康維持のための時間を、強奪する」**と指摘した通りです。

当時の資本家が労働者に欲した労働日は、二十四時間から「それなくしては労働力が絶対に再度の用をなさなくなる僅かな休息時間を、差引いたもの」にすぎませんでした。

貧しく、まだ世間に無知な子供は、さらに過酷に扱われることがしばしばだったのです。

ところが、これほどの行為を行いながら、資本家は罪の意識を覚えませんでした。『資本論』の注釈に登場する資本家は、子供たちに深夜労働をさせながら、自らは独善に陥っていました。

「『禁欲的』なガラス資本は、ポートワインに酔いしれて、クラブから家によろめき帰るであろう、……『ブリトン人（古代イギリス民族）は決して決して奴隷たるべからず！』とひとりつぶやきながら」。

そうマルクスは書いています。

summary

資本は、身体の成長、発達、および健康維持のための時間を、強奪する。

（第2巻3篇8章）

33

働き過ぎや過労死は資本論の時代から社会問題だった。

現代日本の「働き方改革」のきっかけの一つは、若い社員の過酷な労働実態や自殺、過労死でした。原因は超長時間残業や上からの凄まじい圧力でしたが、こうした事態は『資本論』の頃から危惧《きぐ》されていたものでした。

アイルランドの製パン業調査委員会の報告にこうあります。「一二時間以上の労働は、労働者の健康を衰えさせる傾向をもち、早老および早死に至らしめ、またしたがって、家長の配慮と扶助《ふじょ》とを、もっとも必要な時機に奪われる労働者家族の不幸を招来する」。

実際、当時の労働時間は長すぎました。一八六三年には二十歳の婦人服製造女性従業員が「平均一六時間半、しかし社交季節には、しばしば三〇時間たえまなく労働し、彼女らの『労働力』がいうことをきかなくなると、時々シェリやポートワインやコーヒーを与えて、働きつづけさせ」た結果、過労死したと新聞が報じて、社会問題になるほどでした。

マルクスは、過重労働についてこう述べます。**「資本が労働力の寿命の短縮によって、この目的を達することは、貪欲な農業者が、土地豊度の掠奪《りゃくだつ》によって、収穫を増加させるのと同じである」。**さらにこう指摘しました。「資本主義的生産は、労働力そのものの早すぎる消耗と死滅とを生産している」。

剰余価値増大と剰余労働時間の延長を欲する資本主義の問題は、『資本論』第一巻出版から約百五十年経つ今日でも、同じ課題として私たちの目前にあります。

summary

資本主義的生産は、労働力の早すぎる消耗と死滅とを生産している。

（第2巻3篇8章）

34

資本家は労働者の生活を顧慮しない。常に「後は野となれ山となれ」である。

資本主義の発達は、特にイギリスにおいて労働者の酷使を招きました。たとえば綿業では「イギリス人の三世代のあいだに、綿業労働者の九世代を食いつくした」というほどの人材消耗を招いています。

そんなことを続けていてはいずれ大変な事態になりますから、工場法などで労働日に一定の規制をかけるわけですが、**資本家は抜け道を見つけては剰余労働時間を延ばそうとします。**資本家の欲望にまみれた姿勢を、マルクスは「資本が、将来の人類の頽廃《たいはい》や……人口減少を予想して」自分たちのやり方を変える可能性はほぼゼロだと言っています。

それどころか、資本家は自己を正当化する言葉さえ口にします。

summary

後は野となれ
山となれ！
これがすべての
資本家の
標語である。
（第2巻3篇8章）

「この苦しみ（肉体的および精神的な萎縮、早すぎる死、過度労働の責苦）は、われわれの楽しみ（利潤）を増すものであるのに、それがわれわれをなんで苦しめるというのか？」。

資本家が将来の危機を無視して利潤を追う姿勢を、マルクスはこう皮肉っています。

「後は野となれ山となれ！ これがすべての資本家と、すべての資本家国民との標語である。だから、資本は、労働者の健康と寿命とにたいしては、社会によってそれにたいする考慮を強制されないかぎり、何ら顧慮するところがない」。

今を乗り切れれば満足だという考え方は多くの人が抱きがちですが、そのツケを他人に回すことは許されないでしょう。

35

労働時間をめぐる闘争は、社会全体を巻き込む大問題だ。

労働時間の延長によって得られる剰余価値を、マルクスは「絶対的剰余価値」と呼びました。資本家は絶対的剰余価値を増大させるために労働時間を際限なく延長し、労働環境は地獄のようになっていきます。その悲惨さは、ダンテが叙事詩『神曲』で描いた地獄さえ及びもつかないとマルクスは指摘しています。

そんな長時間労働は、昔からではありませんでした。最初の「労働者法令」は一三四九年、ペストによる人口激減のため労働時間を長くするしかないと制定されましたが、この頃から十八世紀半ば過ぎまではまだ牧歌的だったといえます。週四日分の賃金で一週間生活できるため、六日間懸命に働かずにすみました。

事態が急変したのは、十八世紀末に救貧院に暮らす人々を労働者として働かせるようになってからです。「風習と自然、年齢と性、昼と夜のすべての柵《さく》は、粉砕された」というほどの長時間労働へと一気に進むことになりました。

その後、労働者階級の反抗が始まり、一八三三年成立の「工場法」によって、ようやく「標準労働日」という概念が生まれます。もっとも、この法律にも抜け穴が多く、労働環境はすぐには改善されませんでした。労働日をめぐっては資本家と労働者は常に対立する構図があったのです。

マルクスはこう言っています。

「標準労働日の確定は、資本家と労働者とのあいだの、数百年の闘争の結果である」。

summary

標準労働日の確定は、資本家と労働者とのあいだの、数百年の闘争の結果である。

（第2巻3篇8章）

36

資本家が驚くほど
豊かになり、
労働者も多少
豊かになったのなら
格差は増したのだ。

一八六三年、イギリスのグラッドストーン首相は国力の急激な伸びを背景に、こう演説しました。「この恍惚《こうこつ》とさせる富と力との増加は、まったく有産階級のみに限られているが、……それは一般的消費品を低廉《ていれん》にするのであるから、労働者人口にとっても、間接の利益でなければならない」。

こう続けています。「富者はますます富裕になったが、貧者もまた貧の度を減じた。貧窮の極度が軽減されたとは、私はあえて言わない」。

有産階級（ブルジョアジー）が富と力を独占した点は認めつつ、ものの値段が下がれば労働者も恩恵が得られる、豊かとは言わないが、少しは貧しさから抜け出したのではないか、という論です。

マルクスは、こう反論しました。「労働者階級が依然として『貧乏』で、有産階級のために『恍惚とさせる富と力との増加』を生産したのに比例して、『貧の度を減じた』にすぎないならば、それは相対的には相変わらず貧乏である」。

さらにこうつけ加えています。

「貧窮の極度が緩和されなかったとすれば、それは増大したのである。富裕の極度が増大したからである」。

資本家は驚くほど豊かになったが、労働者はわずかな恩恵しか受けていない、それなら格差はむしろ拡大しているじゃないかというのがマルクスの見方です。資本主義は、労働者の犠牲によって一握りの人が豊かになっていく社会でもあります。

summary

貧窮の極度が緩和されなかったとすれば、それは富裕の極度が増大したからである。

（第3巻7篇23章）

6

仕事を うまく進めれば 進めるほど搾取が進む

37

資本主義社会では物価が下がっても賃金は増えない。

資本家は労働時間を延長して絶対的剰余価値を増やす一方、労働力の生産性を高めることで得られる「相対的剰余価値」も増やそうとします。マルクスはこう言っています。

「商品を低廉化《ていれんか》するために、また商品の低廉化によって労働者そのものを低廉化するために、労働の生産力を高めることは、資本の内在的衝動であり、不断の傾向である」。

たとえば、ある労働の生産力を二倍に高め、十二時間に十二個つくっていた商品を二十四個つくれるようになれば、売上も二倍になります。しかし、労働者に支払われる賃金は従来通りですから、必要労働時間が六時間だったとすれば、以後は三時間となり、剰余労働時間は六時間から九時間に増えます。

生産力を高めれば、労働者の給料は増えないのに剰余利益は増えるわけです。この調子で、たとえば十二時間で百二十個つくっていた商品を千二百個つくれるようになれば、剰余価値は莫大になります。

さらに、**生産力が上がれば商品の価格も下がります。**労働力の再生産に必要な食品などの生活必需品が安くなれば、労働者はより安い費用で暮らせるようになります。再生産費の低廉化＝賃金の低廉化という構図です。

生産力を高めると労働者を安く使えるようになります。商品をより安くつくって物価が下がると、賃金も下がることにもなる、というのがマルクスの分析です。

summary

資本家は商品を低《てい》廉化《れんか》するために、また労働者を低廉化するために、生産力を高める。

（第2巻4篇10章）

38

大勢の人が同じ場所で働くことで、協業が始まる。

資本主義社会での工場は大規模化し、大勢の人が働けるようになっていきます。

マルクスはこう言っています。

「比較的大きい労働者数が、同じ時間に、同じ空間で……、同じ商品種類の生産のために、同じ資本家の指揮のもとで働くことは、歴史的にも概念的にも、資本主義的生産の出発点をなす」。

たとえば産業革命の地イギリスでも、農業中心の封建社会が終わって工業中心の社会になり、小さな工場が大規模工場へと変化していきました。

昔は大規模工場はありません。一人の親方の下で何人かの職人が働くといった手工業的なやり方が普通でした。何十人、何百人が一ヵ所で働くようになるのは、資本主義社会になってからです。

大勢の人が同じ場所で働く意味は二つあります。**一つは場所や材料、道具などが一緒に使えるため**、それらの節約につながるからです。マルクスはこう書いています。「二〇人のための一つの仕事場の生産は、二人ずつのための一〇の仕事場の生産に比して、より少ない労働しかいらない」。

もう一つは、同じ生産過程、あるいは関連する諸生産過程で大勢の労働者が計画的に協力して働くと、生産力が上がるからです。マルクスはそういう労働形態を「協業」と呼んでいます。協業こそが、単に大勢の労働者が集まった以上の効果を生産にもたらすのです。

summary

大勢の労働者が、同じ時間・空間で、同じ商品の生産のために、同じ資本家の指揮のもとで働くことは、資本主義的生産の出発点である。

（第2巻4篇11章）

39

協業は人間の
すぐれた特質だが、
搾取の格好の
手段にもなる。

「孤立した状態で生きているのであれば能力が劣っていることになるかもしれない人も、正しく組織された社会では、その不足を補償することができる」とは精神医学者アルフレッド・アドラーの言葉です。一人一人の力は弱くても、一緒に協力し合えば偉大なことを成し遂げられます。それは人間のすぐれた特質といえるでしょう。

マルクスも、**労働者の協業は一人一人の力の総和を上回るいわば「集団力」のようなものをもたらす**と見抜いていました。

こう言っています。

「一緒に集まった一二人の人間は、一四四時間の同時的一労働日に、各自一二時間ずつ労働する一二人の個々別々の労働者よりも、あるいは一二日間継続して労働する一人の労働者よりも、はるかにより大きい総生産物を供給する」。

単に工場を建て、機械設備や材料を購入して人を雇うだけでは、生産性は上がりません。働く人が心を合わせ、力を組み合わせてこそ上がるのです。

スポーツでも、優秀な選手が多いけれどバラバラなチームが、個々人の力量は劣るものの団結力のあるチームに敗れることがよくあります。人はまとまることで可能性を切り開くのです。

そして**資本家は、人間のそうした特質も活用することで莫大な剰余価値を得ていきます。**

summary

一緒に集まった一二人の人間は、一四四時間に、一二時間ずつ労働する別々の十二人よりも、一二日間継続して労働する一人よりも、はるかに大きい生産物を供給する。

（第2巻4篇11章）

40

協業が生む剰余価値は莫大だが、資本家は対価を払わずにすむ。

人間は社会的動物であり、大勢の人が協業することで、一人ではとてもできないほど高い生産力が生まれます。

資本家が大きな工場に大勢の労働者を集め、同じ時間、同じ空間で、同じ商品をつくらせる意味もそこにあります。一人一人が別々の場所でばらばらに商品をつくる場合をはるかに上回る成果が期待でき、多くの剰余価値がもたらされるからです。

資本家には好都合きわまりない話ですが、労働者にもメリットはあるのでしょうか。マルクスはこう指摘しています。

「労働者は、その労働力の売り手として資本家と取引するあいだは、彼の労働力の所有者であり、また彼は彼の有しているもののみを、彼の個別的な単独の労働力のみを、売ることができる」。

労働者は、労働力の売り手としては、あくまでも個別の労働者にすぎません。

つまり、百人の労働者が協業し、百ではなく百五十、二百の力を出したとしても、労働者が手にする賃金は一人分のままです。賃金が一・五倍や二倍になることは決してありません。差額は資本家が手にします。

summary

資本家は、一〇〇人の労働者を、協業させることなしに使用しうる。ゆえに、資本家は、一〇〇の独立した労働力の価値を支払うのであって、一〇〇という結合労働力の価値を支払うのではない。

（第2巻4篇11章）

資本家は労働時間を延ばして絶対的剰余価値を得たり、必要労働時間を短くして相対的剰余価値を増やしたりできる上、労働者に協業をさせることでも剰余価値を増やせるのです。

41

熟練労働者は不熟練労働者に取って代わられ、労働力は安くなる。

協業や分業が進み、機械設備も整った工場での作業は、必然的に単純化します。マニュアルや標準作業が用意され、数時間から数日の訓練を経れば、昨日までの素人があらゆる作業を担当できるようになるのです。

マルクスはこう指摘しています。

「すべての生産過程は、どんな人間にでもできるような、ある種の単純な諸作業を必要とする」。

かつては違いました。手工業では、豊富な経験と技術を持つ熟練労働者だけがよき商品をつくれました。工場でも、熟練した労働者が機械の複雑な調整をしながら生産を行っていたのです。

しかし、そんな熟練の重要性は薄れ、誰でもできる簡単な作業によって熟練労働者をしのぐ商品がつくれるようになります。

マルクスは「工場手工業《マニュファクチャ》は……手工業経営が厳重に排除したいわゆる不熟練労働者の一階級を産み出す」と指摘し、こう続けています。「等級制的区分とならんで、熟練労働者と不熟練労働者とへの労働者の簡単な区別が生ずる。後者にとっては修業費用は全く不要となり、前者にとっては、手工業者に比すれば、機能の簡単化によって低下する。いずれのばあいにも、労働力の価値は低下する」と。**大工業と機械設備が発展するにつれて熟練労働者は不熟練労働者に代替されます。**さらには児童や女性に代替されていくというのが歴史の流れです。

summary

生産過程は、どんな人間にでもできるような、ある種の単純な諸作業を必要とする。そして、労働力の価値は低下する。

（第2巻4篇12章）

42

頑張れば頑張るほど仕事は少人数ですみ、失業の恐れが増す。

労働者は一生懸命に働いて資本を生み出します。資本が蓄積されると、最新の機械設備を購入できます。すると労働者数を減らしても、これまで以上の生産ができることになります。つまり、**労働者が働けば働くほど、過剰労働者や失業者が増えるという皮肉な結果になるのです。**

マルクスはこう述べています。

「労働者人口は、それ自身によって生産される資本蓄積とともに、それ自身の相対的過剰化の手段を、ますます大量に生産する。これが資本主義的生産様式に特有な人口法則なのである」。

労働者からすれば、自分で自分の首を絞めるような図式です。しかし、資本家からすれば、余剰労働者がいれば必要な時に雇える上、失業者が常にいれば賃金もさほど上げなくてすみます。まさに資本主義的生産様式の一存在条件なのです。

かつてトヨタ式の実践企業で、こんな話がありました。「私たちが機械設備や工程などを改善すればするほど、少人数での生産が可能になる。十人の仕事が七人でできるようになれば、三人は不要になる。いわば自分たちを不要にするために改善しているのと同じでは?」。

トヨタ式では余った社員に創造的な仕事をしてもらうなどの解決策があるのですが、頑張るほどに労働者数が減る現象は、資本主義ではしばしば起こるのです。

summary

労働者が生産する資本が蓄積することで、労働者数は過剰化する。これが、資本主義的生産様式に特有な人口法則である。
(第3巻7篇23章)

43

過剰労働者や失業者が増えると賃金は低くなる。

資本が蓄積すると少ない労働者による生産が可能になり、過剰労働者や失業者といった産業予備軍が生み出されます。その存在は景気の循環によって増減し、現役労働者軍の賃上げにも影響を及ぼすというのがマルクスの分析です。こう言っています。

「労働賃金の一般的運動は、もっぱら、産業循環の時期転変に対応する産業予備軍の膨張と収縮によって、規制されている」。

マルクスの頃は十年単位で好況、不況、恐慌などが訪れる産業循環が起きていました。好況になると労働市場が供給過少になり、雇用も増えて産業予備軍が縮小、賃金も少しは上昇します。一方、不況になると労働市場が供給過多になり、雇用が減って産業予備軍が増大し、賃金も下がることになります。

労働賃金の上下は、労働人口の絶対数の運動、つまり人口の増減ではなく、労働者の現役軍と予備軍の比率の変動によって決まるのです。

予備軍、つまり求職者が増えれば賃金は抑えられ、予備軍が減って企業が人手を求めるようになると、賃金は上昇へと向かいます。

summary

労働賃金の一般的運動は、もっぱら、産業循環の時期転変に対応する産業予備軍の膨張と収縮によって、規制されている。

（第3巻7篇23章）

もちろん、上昇は無限ではありません。再び景気がよくなれば、資本を機械設備などに投じることで少人数での生産が可能になり、産業予備軍が増えるからです。

賃金を決めるのは需要と供給ですが、それは産業予備軍の膨張・縮小と直結しています。

44

資本家は機械や材料からさえ、「搾取」しようとする。

価値を形成するのは人間の労働だけです。そのためマルクスは労働を、価値の大きさを変化させる「可変資本」と呼び、価値の大きさが変わらない機械や原材料などを「不変資本」と呼びました。

資本家は、労働時間の延長や協業などによって可変資本からより多くの剰余価値を得ようとします。一方で不変資本に対しては、節約や使い方の工夫などによって剰余価値を増やそうとします。マルクスはこう指摘しています。

「資本主義的生産様式は、一方で社会的労働の生産諸力の発展に駆り立てると同様に、他方では不変資本充用上の節約に駆り立てる」現代の企業も「より安く」の実現のために無数の策を講じます。「安い材料に変える」「再利用する」「省エネ化する」「歩留《ぶど》まりを上げる」「機械の寿命を延長する」……。

この貪欲さは『資本論』成立の時代から同じでした。マルクスはこんな例を挙げています。

①機械の素材を木から鉄に変える、②製造の改良による機械類の低廉化、③既存の機械の効率が高まるように改良する、④より優秀な機械装置による屑《くず》の減少。

summary

資本主義的生産様式は、一方で社会的労働の生産諸力の発展に駆り立てると同様に、他方では不変資本充用上の節約に駆り立てる。

（第6巻1篇5章）

利潤を上げるためには何でもやるのが、今も昔も変わらない資本家の本性なのです。しかも資本家は、こうして生まれた利潤を、労働者ではなく「自分の才覚によってもたらされたものだ」と考えるのでしょう。

7

資本主義は機械を人間の支援に使わない

45

資本にとって機械は、人間に楽をさせるためのものではない。

機械は人間が楽をするためにあると考えていたとしたら、それは一面の真実でしかありません。資本はいわば「機械と人間のどちらが得か」という損得勘定によってのみ導入を決めるからです。マルクスはこう指摘しています。

「資本にとっては機械の使用は、機械の価値と機械によって代わられる労働力の価値との差によって限界が与えられる」。

たとえば日本企業が中国進出を始めた当初、多くの企業は機械設備を導入せずに中国人を雇いました。人件費が非常に安く、機械よりも人を使うほうが得だったからです。**資本は機械よりも人が安く使えるなら、躊躇《ちゅうちょ》なく人を選ぶのです。**

マルクスの時代の資本は非人道的でした。羊毛工業で機械化が進んでいた頃も、鉱山労働では女性や少女が過酷な長時間労働を担いました。河舟《かわぶね》曳《ひ》きは厳しい筋肉労働ですが、しばしば馬でなく女性が行っていました。機械や馬よりも女性や児童のほうが安く使えたからです。

資本は労働の過酷さや危険から人を守るために機械を導入するのではありません。人間も安く使えるのに機械を使うのは、資本家にとって生産を高価にする愚かな判断なのです。

マルクスは「危険な仕事だが、人間のほうが安上がりだからやらせとけ」という考え方は下等な仕事に人間力を濫費《らんぴ》させることであり、恥ずべきだと憤っています。

summary

資本にとっては機械の使用は、機械の価値と機械によって代わられる労働力の価値との差によって限界が与えられる。
（第2巻4篇13章）

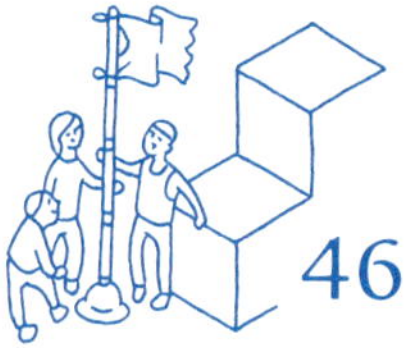

46

機械は搾取度を拡大するために導入される。

機械の使用にはもちろんメリットが大いにあります。熟練労働者や筋力のある成人男性といった限られた人だけに可能だった仕事が誰でも可能になることもその一つです。

ところが『資本論』は、そのメリットすらも児童や女性、さらに労働者全体にとってデメリットになることを指摘しています。

こう書いています。

「機械装置が筋力を不要なものとするかぎりでは、それは、筋力のない労働者、または肉体の発達が未熟ではあるが四肢の柔軟性に富む労働者を使用するための手段となる。だから、婦人労働と児童労働とは、機械装置の資本主義的使用の最初の言葉だった！」。

機械装置を導入すれば、多くの仕事を、未熟な児童や力のない女性にもさせられるようになります。マルクスの時代における機械装置の導入は、児童や女性が続々と労働者になることを意味していたのです。

労働者の数も一気に増えますから、労働者全体の賃金は低く抑えられるでしょう。しかも生産現場は今日的な「人に優しく（安全）、人に易しい（平易）」とはほど遠いものでした。

マルクスは、資本主義社会では**「機械装置は、そもそもの初めから、資本のもっとも固有なる搾取領域である人間的搾取材料を拡大するとともに、搾取度をも拡大するのである」**と指摘しています。

summary

機械装置が筋力を不要なものとするかぎりでは、筋力のない労働者や肉体の発達が未熟な労働者を使用するための手段となる。
（第2巻4篇13章）

47

機械は労働の価値を下げ、やがて家族全員が働くことになる。

かつてオバマ氏がアメリカ大統領時代に、今日の経済環境について「父親が一人働いて家族を養い、子供を学校に行かせられる時代は終わった」という趣旨の話をしたことがあります。中産階級の所得の伸び悩みを端的に表した発言です。

日本も同様です。父親が働き、母親は専業主婦という伝統的な家族像は、はるか過去のものでしょう。マルクスは、**機械装置の登場が家族に変化をもたらし、労働市場と労働価値を変えた**と、こう指摘しています。

「機械装置は、労働者家族の全成員を労働市場に投じて、成年男子の労働力の価値を、彼の全家族の上に分割する。それゆえに、機械は彼の労働力の価値を引き下げる」。

かつて労働力の価値は「個々の成年労働者の生存維持のために必要な労働時間によるのみではなく、労働者家族の生存維持のために必要な労働時間によって規定されていた」のですが、機械装置の登場によって女性や児童も仕事ができるようになると、資本は成年男子に家族を養える賃金を支払う必要はなくなります。

家族全員が働くなら、賃金は一人一人が生きていく水準で足りることになります。その結果、機械は労働者の価値を下げるとマルクスは分析するのです。それは家族全員が働かざるを得なくなることも意味し、家族は資本によって変容させられていきます。

summary

機械は労働力の価値を引き下げる。

（第2巻4篇13章）

48

労働に投下される資本は減少する。

機械設備などの生産手段が進化して生産性が向上し、より少ない労働者での生産が可能となるにつれて、生産手段と労働に投下される資本の比率も変わってきます。

マルクスはこう言っています。

「最初は五〇%が生産手段に、五〇%が労働力に投ぜられたのが、後には、労働の生産度の発展とともに、八〇%が生産手段に、二〇%が労働力に投ぜられる」。

生産性が向上することで、労働力に依存する比率が五〇%から二〇%へと大きく下がるのです。資本主義の発展はいわば「より少ない人間による生産」へと向かうのです。

その最先端ともいえるのが、フェイスブックやグーグルといったＩＴ企業でしょう。ＩＴ企業で働く人の数は旧来の製造業やサービス業などに比べて圧倒的に少ないのですが、今後はあらゆる業種・業界で、人間の数が少なくなるに違いありません。

それはＩＴやＡＩ（人工知能）の進化であると同時に、資本主義的生産の目指す道でもあるのです。マルクスは少し難しい言葉で、こう表現しています。

「この変化、すなわち、生産手段を活かす労働力の量に比較した生産手段の量の増大は、資本の価値組成に、すなわち、資本価値の可変的組成部分を犠牲にしたその不変的組成部分の増加に、反映する」。

summary

最初は五〇%が生産手段に、五〇%が労働力に投ぜられたのが、労働の生産度の発展とともに、八〇%が生産手段に、二〇%が労働力に投ぜられるようになるのである。

（第3巻7篇23章）

49

機械は一日中働く。人間も一日中働けと資本は要求する。

機械と労働時間について、マルクスはこう書いています。

「労働日の短縮が、法律によって強制されるや否や、資本の手中にある機械は、同じ時間に、より多くの労働を搾り出すための客観的な、かつ組織的に応用される手段となる」。

機械装置は、人間では困難な三百六十五日、二十四時間の生産を可能にします。すると資本は、人間の労働時間も無制限に延長したいという強烈な欲望にかられます。つまり「せっかく高価な機械を入れたのだから、フル稼働させて稼ごう。人間も長時間労働させなくちゃ」となるわけです。

一方で「働かせすぎは人間、家庭、社会を壊してしまう」と労働時間を制限する動きも出ます。その結果、たとえばイギリスでの労働時間は工場法改正によって限定つきながら一日十時間に制限されます。

ところが、それで一件落着とならず、制限が逆に労働密度を高める労働強化につながるのが機械化の怖さです。

資本は「機械の速度を高めること」「同じ労働者によって監視される機械装置の範囲、すなわち彼の作業場面の範囲を拡大すること」によって、より多くの労働時間を搾り出すと、マルクスは書いています。つまり、機械をスピードアップさせ、さらには機械作業に必要な人数を減らすという労働強化によって剰余価値の搾取度を高めようとするのです。

summary

労働時間の短縮が法律によって強制されるや否や、機械は同じ時間に多くの労働を搾り出すために応用される手段となる。
（第2巻4篇13章）

50

機械との競争に敗れた労働者は慢性的窮乏に苦しむ。

シンギュラリティ（技術的特異点）という言葉があります。ＡＩ（人工知能）などの科学技術が人間を超える時のことです。そうなれば仕事の大半がＡＩに置き換えられるでしょう。その時期や信憑性《しんぴょうせい》には議論がありますが、近い将来、人間がやっている仕事に大きな変化が起きるのは間違いありません。

ただし、それは今に始まったことではありません。一八一〇年代にもイギリスで労働者が機械を破壊するラッダイト運動が起こっています。『資本論』の時代も、機械が人間の仕事を奪い続けていました。

自分の仕事が機械に置き換えられることは、長年懸命に働いてきた人には耐えがたいことです。仕事を失えば死活問題になります。

機械にできない高度な仕事をすることで転身を図れる人は、多くありません。その結果どうなるかを、マルクスはこう書いています。

「機械としては……ただちに労働者そのものの競争者となる。……労働力の使用価値とともに交換価値も消滅する。労働者は、通用しなくなった紙幣のように、売れないものとなる」。**労働者は無価値になる恐れがあるのです。やがて、仕事を追われた人々が労働市場に溢れるようになります。**資本家に有利な状況になるため、労働力の価値はさらに低下します。労働力しか売り物を持たない人は「慢性的窮乏」に苦しむことになるのです。

summary

機械は、労働者の競争者となる。労働者は、通用しなくなった紙幣のように、売れないものとなる。

（第2巻4篇13章）

51

機械はストライキを鎮圧する武器にも使われる。

マルクスと同時代の経済学者スチュアート・ミルは機械装置の役割について「機械の発明が……人間の日々の労苦を、軽減したかどうかは疑問である」という疑問を呈しました。

しかしマルクスは、**資本主義では機械装置は人間の労苦の軽減には使われないと断じます。**こう書いています。「機械装置は、商品を低廉にするためのものであり、また、労働者が自分自身のために必要とする労働日部分を短縮して、彼が資本家に無償で与える他の労働日部分を延長するためのものなのである。機械装置は、剰余価値の生産のための手段である」。

さらに機械装置は、資本家の武器としても使われると、こう分析しています。

「それ（機械装置）は、資本の専制にたいする周期的な労働者の叛乱《はんらん》、ストライキ等を鎮圧するためのもっとも強力な武器となる」。

機械装置は待遇改善や賃上げ要求をすることはありません。文句を言わず、ストライキをすることもありません。資本家は、労働者が要求を突きつけてきた場合、「だったら君らはクビだ。代わりに機械装置を入れる」と脅すことで要求を蹴ることができるのです。

アンドリュー・ユアという化学者は「労働者がその反抗やストライキ等によって、機械装置の発達を促進する」とまで言っているとマルクスは指摘しています。

summary

機械装置は、資本の専制にたいする周期的な労働者の叛乱《はんらん》、ストライキ等を鎮圧するためのもっとも強力な武器となる。

（第2巻4篇13章）

52

機械は悪ではない。
資本家の使い方が
悪なのだ。

機械装置は労働者にいくつもの災いをもたらしました。機械装置に支配される労働者が増えたのも事実です。しかし、マルクスは機械装置が悪だとはまったく考えませんでした。こう述べています。

「生活手段からの労働者の『遊離』にたいして、機械装置そのものには責任はない、ということは疑いえない事実である」。

裏のないメダルはありません。善悪や理非は使い方ひとつで決まります。どんな有用なものも使い方を間違えば悪になるのであり、機械装置そのものを批判しても意味はないとマルクスは考えました。有名な首切り犯人ビル・サイクスのこんな言葉を引用しています。

「行商人の首は確かに切った。しかし……それは刀の罪である。われわれはかかる時折りの不都合（刀で人の首を切る）のゆえに、刀の使用をやめるべきであろうか？　……それ（刀）は外科手術では治療をなし、解剖では知識を与えるではないか？　そのうえに、（ナイフや包丁として）楽しい食卓の調法な助手ではないか？　刀を廃する――それはわれわれを、野蛮のどん底に投げ返すことである」。

機械装置は、たくさんの人の腱《けん》や筋肉に代わる仕事をしてくれるものです。**問題は機械装置にはなく、資本主義社会というシステムにある**というのがマルクスの見方です。資本主義こそが機械装置におけるビル・サイクスだといえます。

summary

機械装置
そのものには
責任はない。
（第2巻4篇13章）

8

労働者を縛る見えない鎖とは何か

53

資本主義は
使える人間を
育てる一方で、
使えない人間を生む。

資本主義は多くの破壊的な変化をもたらしました。その一つが、機械装置の発達で仕事が細かく分業化されたために「奇形化」され、ごく狭い範囲でしか役立たない労働者をつくったことです。細切れの仕事ばかりさせられて知識や技術を習得できず、その仕事を放り出されれば失業し、窮乏するほかはない人々が大量に発生したのです。特に児童は単純作業に縛られた結果、同じ工場の他の仕事すらできなくなり、成年に達すれば解雇という過酷な運命が待っていました。

　しかし一方では、機械設備が発達すれば、次々と誕生する新しい機械を使いこなせる人や、新しい生産技術を考え出す人が必要になってきます。マルクスはこういう人たちを**「種々の社会的機能を交互転換的活動様式とする全体的に発達した個人」**と表現しました。資本主義は、奇形化された労働者を生み出す一方で、「全体的に発達した個人」を養成するさまざまな教育機関を必要とするのです。

　マルクスはこう言っています。

「大工業は、種々に変化する資本の搾取欲のために予備として保有され利用し得る窮乏した労働人口という奇怪事に、変化する労働諸要求に応じうる人間の絶対的利用可能性を置換えることを……一つの生死の問題とする」。

　ただし、当時の教育制度には無数の問題がありました。

summary

大工業は、資本の搾取欲のための予備の労働人に、変化する労働諸要求に応じうる人間の絶対的利用可能性を置換えることを生死の問題とする。

（第2巻4篇13章）

54

大工業は、古い家族制度を崩壊させる。

古きよき家族制度への郷愁は、今でも多くの人が持っているでしょう。もっぱら夫が働いて経済を支え、妻は育児や家事に専心しました。三世代同居ですから、仮に妻が働いても育児を祖父母に任せられますし、祖父母の介護には家族で力を合わせるため、保育・介護施設に過剰依存をしなくてすみます。

しかし、そんな家族は、もはや夢物語です。

経済の発展は古きよき家族制度を根底から変えたのです。

それを「崩壊」と受け止める人もいたでしょう。マルクスが『資本論』を書いた当時がそうでした。家内工業は次々と大工場に取って代わられ、成年男子は労働力しか売るものを持たない労働者となり、やがて児童や婦人までが労働力の売り手となりました。

しかし、マルクスはこうした変化を歴史の必然と断じています。こう書いています。

「事実の力は、大工業が古い家族制度とそれに相応する家族労働との経済的基礎を崩壊させるとともに、古い家族関係そのものをも崩壊させる……子供の権利が宣言されねばならなかった」。

歴史に抗《あらが》って、古きよきものを保ち続けることはできません。家族の形も歴史と共に変化するのです。そこでやるべきことは子供の権利の保護、そして教育であり、歴史の歯車を戻すことではないというのがマルクスの考え方です。

summary

大工業は、古い家族制度とそれに相応する家族労働との経済的基礎を崩壊させ、古い家族関係そのものをも崩壊させる。

（第2巻4篇13章）

55

賃金が低いため、労働者は残業に頼らざるを得なくなる。

人間労働のみが価値を生み出し、また剰余価値は搾取されているのですから、労働者は資本家に与える労働量に注意を払うべきでしょう。しかし、悲しいことに**労働者は受け取るもの、つまり賃金の高さに主たる関心を持つとマルクスは見抜いていました。**

長時間残業で剰余労働が増えることよりも、残業の結果、自分の手取りがいくらになるかに目を奪われてしまうのです。そして、手取り額を増やすためには長時間残業もいとわないようになります。

マルクスはこう言っています。

「標準（労働）時間中の労働の価格が低いために、労働者は、一般にもし充分な労働賃金を取出そうと欲するならば、より多く支払われる規定外時間に働かざるをえないのである」。

標準労働時間を超えた労働時間には、当時も割増給が支払われていました。額は「しばしば笑止なほど僅かな割合」でしたが、標準時間の労働価格が低いため、十分な賃金を得るためには、規定外時間に長時間働かざるを得なかったのです。

summary

標準労働時間中の労働価格が低いため、充分な賃金を得ようとするならば、より多く支払われる規定外時間に働かざるをえないのである。
（第3巻6篇18章）

現代日本でも同じことがいえるでしょう。「残業代込み」の給料をあてにして暮らしている人が少なくないからです。「働き方改革」で残業時間が一律に制限されては困るのです。賃金アップが望めず残業に頼るという厳しい労働者の現実がそこにあります。

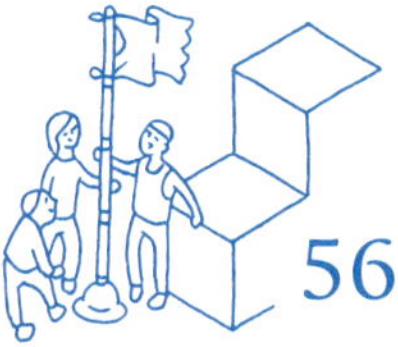

56

労働価値の下落は安売り競争を激化させる。

「安売り業者に使用されている者の相当多数が、外国人、少年少女、その他、得られるだけのどんな労働賃金にも甘んぜざるをえないような人々なのである」。

これはマルクスの憤激ではありません。なんと資本家の嘆きの言葉です。

理由はこうです。労働価格が低ければ、労働者は労働時間を延長せざるを得なくなります。

しかし、それは、さらなる労働価格の低落と賃金の低落を招きます。なぜなら、たとえば一人の労働者が労働時間を延長して一人半分の仕事をすれば、労働の供給力が増大するからです。こうして**労働者間の競争が激しくなり、さらなる労働価格の低落と、労働時間の延長という負の循環を招くわけです。**

資本家には好都合な事態に思えますが、そうでもありません。この循環は資本家同士の競争も激化させるからです。剰余価値の増大より、商品の販売価格低落を招くのです。その結果、「もはや金は儲からず……、ただ公衆だけがその利益を得ている」「私が使用人から一二時間の労働しか取出さないのに、私の隣人は、一八時間か二〇時間分を取出すとすれば、彼は販売価格で私を負かすに違いない」と嘆く資本家が現れます。嘆く資本家自身も労働者から凄まじい搾取をしているのですが、それを棚に上げているのです。

summary

安売り業者に使用されている者の相当多数が、外国人、少年少女、その他、得られるだけのどんな労働賃金にも甘んぜざるをえないような人々である。

（第3巻6篇18章）

57

出来高賃金は全体の賃金水準を下げる傾向を持つ。

賃金の基本は「一時間当たりこれだけ払う」と契約する時間賃金ですが、マルクスは、「こういう商品をつくればこれだけ払う」などという「出来高賃金」も取り上げています。商品の質は問われますが、何時間働いたかは関係ありません。歓迎する人も、長時間労働の温床だと警戒する人もいるでしょう。

マルクスは、こんな懸念を抱いていました。

「出来高賃金が……自由感、独立心、自制を、他面では彼らの間の相互の競争を、発展させる傾向がある。それゆえ、出来高賃金は、個別的労働賃金を平均水準以上に高めるとともに、この水準そのものを低下させる傾向をもつ」。

出来高賃金のよさは、労働者の自由な働き方を可能にして独立心を高め、負けないように頑張ろうという競争心をかき立てて成果を上げ、個人の賃金を高める可能性を持つことです。

一方、懸念は、みんなが頑張って、たとえば平均八時間でつくっていた商品を五時間でつくれるようになると、一商品当たりの出来高賃金が下がる恐れがあることです。

出来高賃金は「資本主義的生産様式にもっともふさわしい労働賃金の形態」であり、その変動は「資本家と労働者とのあいだに不断の闘争を呼び起こす」ともマルクスは指摘しています。

summary

出来高賃金は労働者の相互競争を発展させる傾向がある。それゆえ、出来高賃金は、個別の労働賃金を平均水準以上に高めるとともに、この水準そのものを低下させる傾向をもつ。

（第3巻6篇19章）

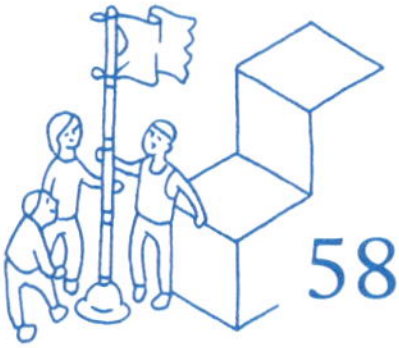

58

出来高賃金は、介入者に利ザヤを取られがちである。

マルクスは、出来高賃金への懸念をもう一つ挙げています。「資本家と賃金労働者とのあいだに寄生者が介入することを……容易にする」点です。仕事が下請けに出されがちだということです。注釈でこう述べています。

「それぞれ利得の分け前を取ることになっている幾人かの手を製品が通り、しかも最後の者だけが仕事をするというばあいには、女工の手に入る賃金は、釣合いのとれない惨めなものとなる」。

資本家にとっての出来高賃金のメリットは、**①みんなが頑張って短時間で成果を上げてくれれば、その分、剰余価値が増えること、②労働者の管理監督をすることなしに成果だけを手にできること**、です。たとえば社内で行っていた業務をアウトソーシングすれば、人員削減もできます。必要なのは契約金額の支払いだけであり、仕事の質が伴わなければ別の会社を探せばいいだけです。

問題は、アウトソーシング先が、仕事をさらに下請けに出して利ザヤを取る場合です。マルクスは、それを「労働者による労働者の搾取」と言い、イギリスでは「苦汗制度」とも呼んでいました。

資本家と労働者の間に介入者が入って中間搾取をし、安い金額を労働者に支払う光景は現代日本でもしばしば見られます。資本主義の病根の一つかもしれません。

summary

利得の分け前を取ることになっている幾人かの手を製品が通り、しかも最後の者だけが仕事をするばあいには、その者の賃金は、釣合いのとれない惨めなものとなる。

（第3巻6篇19章）

59

奴隷は鎖によって、労働者は見えない糸によって、所有者に繋がれる。

資本家は労働者を平然と解雇する一方で、縛りつけようともします。特に専門技術を持つ労働者に関しては、移動の自由を制限することもありました。

たとえば綿花の大産地アメリカの南北戦争でイギリスが綿花不足に陥った「綿花飢饉《ききん》」の時がそうです。綿業労働者の多くが職を失い、植民地やアメリカへの移住を計画しますが、結果的に阻止されています。専門技術を持つ彼らは資本家にとっての強みであり「一代では補充のできない精神的な訓練された力である」とされたのです。

その時、綿業資本のある代弁者は機械を「死んだ機械」、労働者を「活きた労働機械」と区別しています。死んだ機械は技術の進歩により絶えず時代遅れになるのに、活きた機械は「存続すればするほど、代々の熟練を自分のうちに累積すればするほど、ますます改良される」ので、綿業地帯に閉じ込めよ、と訴えたのです。

マルクスはこう評しました。

「ローマの奴隷は鎖《くさり》によって、賃金労働者は見えざる糸によって、その所有者に繋《つな》がれる」

こうも述べています。「労働者階級の不断の維持と再生産とは……資本の再生産のための恒常的条件である」。つまり、資本主義的生産過程は商品や剰余価値を生産するだけではなく、資本関係そのもの（資本家と賃金労働者）を生産し、再生産するものなのです。

summary

奴隷は鎖《くさり》によって、賃金労働者は見えざる糸によって、所有者に繋《つな》がれる。

（第3巻7篇21章）

60

労働者は資本家の手の内から飛び出ることはできない。

景気が低迷すると市場は人あまり状態になって、労働者の賃金は下がります。求人数も減って、就・転職に苦労するものです。一方、景気がよくなると人手不足になり、賃金は上がります。求人数が増えて就・転職も容易になるでしょう。

マルクスは、後者のような人手不足期には、資本家も労働者の賃金を上げざるを得なくなると、こう書いています。「資本の蓄積欲望が労働力または労働者数の増加を凌駕《りょうが》し、労働者にたいする需要がその供給を凌駕し、したがって労働賃金が騰貴《とうき》する、ということがありうる」。

しかし、賃金の上昇は永久に続くわけではありません。こう述べています。

summary

剰余労働がもはや標準的な量をもっては供給されなくなるや否や、賃金の上昇運動は反撃を受ける。
（第3巻7篇23章）

「資本を養う剰余労働がもはや標準的な量をもっては供給されなくなる点に触れるや否や、反動が始まる。資本化される収入《レヴェニュー》部分は小さくなり、蓄積は衰え、賃金の上昇運動は反撃を受ける。したがって、労働価格の騰貴は、資本主義制度の基礎を侵害しない」。

「人さえいれば儲かるのに」という時には、資本は賃金を上げてでも労働者を確保しようとしますが「でも、これ以上払うと儲からない」となった時点で賃金は上がらなくなるわけです。『西遊記』の孫悟空《そんごくう》がお釈迦《しゃか》様の手の平から飛び出られなかったように、**労働者も資本家の都合から脱せません。資本家の財布の状態次第で賃金や雇用環境を決められてしまうのです。**

61

労働者は自分の生み出した剰余価値によって縛られ続ける。

賃金の上昇は資本家と労働者の関係を変えるわけではありません。マルクスはこう書いています。

「資本の蓄積の結果としての労働価格の騰貴が実際に意味するところは、賃金労働者が自分自身で鍛え上げた金の鎖の大きさと重みとが、その緊張の弛《ゆる》みを許す、ということにすぎない」ということです。つまり、業績が上向いて賃金が増えると、頑張りが報われたかとうれしくなります。しかし、賃金が増えても、労働力を売ることでしか生活できないという立場は少しも変わりません。見えない鉄の鎖で資本家に縛られ続けます。マルクスは「鎖が鉄から金になり、縛りがわずかにゆるんだだけじゃないか」と身も蓋《ふた》もなく指摘しているのです。

それどころか、労働者が働けば働くほど資本は蓄積し、より大きな資本家が生まれると同時に、より多くの労働者が生み出されるのです。

つまり、賃金がどうあれ、労働者は資本の増殖欲望のための存在であり続けるのです。

マルクスは、その姿をこう評しています。**「人間は宗教というもので、彼自身の頭の製作物に支配されるように、資本主義的生産においては、彼自身の手の製作物に支配される」**と。

自分が生み出す剰余価値が資本になり、資本によって自分が支配されるという資本主義の基本構造を、労働者は直視しなくてはならないのです。

summary

労働価格の騰貴は、労働者が自分自身で鍛え上げた金の鎖の大きさと重みの緊張が弛《ゆる》む、ということにすぎない。

（第3巻7篇23章）

9

資本主義につきまとう暗黒の病巣

62

資本主義社会は産業予備軍を必要とする。

マルクスは、労働力の供給に関して、ある役人のこのような言葉を紹介しています。

「恐慌の時、労働者を移民させることによって、過剰な労働者が数十万になることを避けようとすれば、どうなるか？　労働需要の最初の回復とともに労働者不足に陥るだろう。人間の再生産が、いかに急速に行なわれようと、成年労働者の補填には、一世代の間隔を必要とする」。

マルクスの頃は十年単位で好況、不況、恐慌が訪れる産業循環が起きていましたが、不況時に増加した失業者を移民に出せば、景気が回復した時に労働者不足に苦しむのは目に見えている、というわけです。

マルクスはこう言っています。

「資本主義的生産にとっては、人口の自然的増加によって供給される利用しうべき労働力の量だけでは、決して充分ではない。それは……産業予備軍を必要とする」。

人口の自然的増加だけに頼っては、資本主義的生産は必ず労働力不足という限界にぶつかります。それを防ぐには、絶えざる機械設備への投資や技術革新によって、より少ない人数での生産を可能にし、絶えず産業予備軍を生み出さなければならないのです。

一国の産業は、消費と生産の両方において人口の影響を受けることになります。**資本主義社会は、常に人口問題と対峙《たいじ》しなければならないのです。**

summary

資本主義的生産は、人口の自然的増加によって供給される労働力量では、充分ではない。それは産業予備軍を必要とする。

（第3巻7篇23章）

63

生産性が上がることで産業予備軍が増えていく。

産業予備軍は、相対的過剰人口と言い換えられます。人口の増加によって絶対的に増加する労働人口ではなく、生産性が上がることで相対的に増加する労働人口のことです。

マルクスは、相対的過剰人口は三つに分かれると、次のように述べています。

「相対的過剰人口は……つねに三つの形態をもつ。流動的、潜在的、および停滞的形態……である」。

「流動的過剰人口」は主として未成年労働者です。未成年時代には重宝されますが、成年に達した途端にお払い箱になるケースがほとんどです。いわば使い捨ての労働力といえます。

「潜在的過剰人口」は、労働者として都市に吸収されるのを待つ農村人口のことです。賃金は最低限度まで押し下げられます。マルクスはそれを「片足はつねに貧窮の泥沼に突っ込んでいる」と評しています。

「停滞的過剰人口」は、現役労働者軍の一部ではありますが、就業はきわめて不規則で、安い賃金でも進んで仕事をする層です。

この三つが、恐慌期には急性的に、不況期には慢性的に表れるなど、産業の循環に合わせて増減をくり返すのです。つまり、資本主義社会では、産業予備軍の存在が賃金の引き上げにおける、ある種の重石になるのです。

なおマルクスは、四つ目の相対的過剰人口として、最底辺の失業者である孤児、労働不能者といった「被救護貧民」を挙げています。

summary

相対的過剰人口はつねに三つの形態をもつ。流動的、潜在的、および停滞的形態である。

（第3巻7篇23章）

64

資本が蓄積しても労働者は豊かになれない。

マルクスは、現代でも問題になっている「格差」に関してこう述べています。

「相対的過剰人口または産業予備軍をして、つねに蓄積の大きさおよび精力《エネルギー》と均衡を保たせる法則は……資本の蓄積に対応する貧困の蓄積をかならず生む。……一極における富の蓄積は、同時に対極……階級の側における貧困、労働苦、奴隷状態、無知、粗暴、道徳的堕落の蓄積である」。

資本が蓄積されるに従って、資本家の多くは豊かになります。その一方では少ない労働力による生産が可能になって産業予備軍が増え、悲惨な状態に置かれる被救護貧民も出てきます。

マルクスはこう断じています。

「資本が蓄積されるにしたがって、労働者の状態は、彼の受ける支払いがどうあるにせよ、高いにせよ低いにせよ、悪化せざるをえない」。

資本が蓄積されるに従って、蓄積に大いに貢献した労働者も共に豊かになっていくのが理想です。しかし、現実は逆に進むのです。増加した産業予備軍の存在が、労働者の賃上げの重石にすらなってしまいます。そのあげく、貧困、労働苦、奴隷状態、無知、粗暴、道徳的堕落ばかりが蓄積するのです。

summary

資本が蓄積されるにしたがって、労働者の状態は、受ける支払いが高いにせよ低いにせよ悪化せざるをえない。（第3巻7篇23章）

今日でも企業の内部留保が莫大に積み上がる一方で、社員の賃金が遅々として上がらないことが問題視されています。

資本の蓄積は労働者の豊かさとは別のところで進み、格差を大きくしていくのです。

65

資本の蓄積が急であるほど労働者の住宅事情は悲惨になる。

資本の蓄積は相対的過剰人口の増加と富の二極化を進め、労働者の苦境を深めていくわけですが、マルクスは『資本論』で食と住の問題にも切り込んでいます。

主としてイギリスの工業労働者の状態について論じた後、こう述べています。

「資本主義的蓄積が急速であればあるほど、労働者の住宅状態は、ますます悲惨になる」。

当時の労働者の多くは十分な栄養を取ることができませんでした。特に女性や子供は、働くために栄養を取る必要がある成年男性に比べて栄養が不足しがちだったようです。

これをマルクスは「きわめて勤勉な労働者層の飢餓苦」と「資本主義的蓄積にもとづく富者の……奢侈《しゃし》的消費」として対比させています。

食にこれほどの格差が生まれるのですから、住も当然悲惨でした。都市開発の進展に伴って古くからの町並みが破壊され、道路も住宅も狭くなっていきます。労働者は高い割に質の低い住宅での生活を強いられました。

「過度に稠密《ちゅうみつ》な住宅、あるいは人間の住居としては全く考えられない住宅という点では、ロンドンが第一位を占める」とマルクスは述べています。

人口増加も相まって、街は風通しが悪く住みづらい場所になり、金持ちは去っていきます。残された労働者は狭小な住宅に押し込められ続ける、というのが当時の住宅事情でした。

summary

資本主義的蓄積が急速であればあるほど、労働者の住宅状態は、ますます悲惨になる。

（第3巻7篇23章）

66

雇い主の手により家を持てなくなった労働者もいる。

マルクスは一部の労働者の住宅事情の悲惨さを「野営」と表現し、こう述べています。

「起源を農村地方にもち大部分は工業に従事する一つの人民層……は、資本の軽歩兵であって、資本は、これを自分の必要に応じて、あるいはこの点、あるいはかの点に投ずるのである。それは行軍しないときには、『野営』している」。

軽歩兵とは、銃一つを持って身軽に動く兵をいいます。「資本の軽歩兵」とは、正社員ではなく、今月はあの現場で建設、来月は別の現場で採掘というように雇い主の指示で働き場所が変わる人のことでしょう。今日の派遣労働者とか日雇い労働者に近いかもしれません。

そういう人には雇い主が住居を用意することがよくあります。そのため仕事を失うと、住む場所も失うケースがあるのです。そんな状態をマルクスは「野営」と表現したのでしょう。

たとえ野営を免れても、彼らの住まいは窒息しそうなほど狭く不衛生な木造小屋でした。

さらに問題なのは、雇い主が**「労働者を産業傭兵と借家人として二重に搾取する」**ことです。用意された住居は無料ではなく、家賃を取られるのです。家賃は賃金から容赦なく天引きされます。拒否は困難です。なぜなら不満を漏らす者は、年期更新の際に解雇されるからです。より長く働くには、雇い主の二重の搾取にも黙って従うほかはないというのが彼らの運命でした。

summary

資本の軽歩兵は、行軍しないときには、「野営」している。
（第3巻7篇23章）

67

資本の本源的蓄積は暴力行為から始まった。

資本主義が始まる前、資本となる最初のまとまったお金は、誰がどうやって手にしたものでしょうか。

もし「勤勉で悧口《りこう》な倹約家と、怠け者でやくざな浪費家がいた。前者は富を蓄積して資本家になり、後者は自分の労働力しか売るものがない労働者になった」といったアリとキリギリス的な空想をしたとしたら、それは大間違いだとマルクスはこう言っています。

「資本主義的蓄積に先行する一つの『本源的』蓄積……現実の歴史においては、周知のように、征服、圧制、強盗殺人、要するに暴力《ゲヴァルト》が、大きな役割を演ずる。……実際には本源的蓄積の方法は、他のありとあらゆるものではあっても、ただ牧歌的でだけはなかった」。

強欲で情け容赦のなかった人が資本家になったというわけです。たとえばイギリスの農民は、十四世紀には奴隷状態から脱して自営農家となっていました。ところが、十五〜十六世紀に羊毛工場手工業《マニュファクチャ》が勃興、羊毛価格が高騰したために、地主は羊を飼う土地の確保のために農民を暴力的に駆逐したのです。世にいう「囲込み運動」です。共同地も横領された結果、二十四の農場が三つに融合され、約三千家族が「組織的に駆逐されて一掃された」とマルクスは述べています。自営農民の多くが労働者になっていったのでした。**資本の本源的蓄積は、血なまぐさく荒々しい暴力から始まった**のです。

summary

資本主義的蓄積に先行する「本源的」蓄積では、征服、圧制、強盗殺人といった暴力が、大きな役割を演ずる。

（第3巻7篇24章）

68

国家は農民を鞭打ち、拷問して、労働者に仕立てあげた。

資本主義は資本が蓄積され、労働者が現れれば成立するのではありません。**「元自営農民」が、資本主義的生産様式を身につけた「労働者階級」となることが必要**です。マルクスはこう言っています。「資本主義的生産の進行するにしたがって、教育、伝統、習慣によって、この生産様式の諸要求を、自明的な自然法則として認める労働者階級が発達してくる」。

　しかし、新興の工場手工業に元自営農民がなじむのは容易ではありませんでした。職を得られず家を失う人もいました。

　彼らを待っていたのは「血の立法」です。たとえば一五三〇年には、老齢で働けない人には「乞食鑑札」が与えられる一方で、強健なホームレスは鞭《むち》打ちされ、働くことを誓約させられています。労働を拒む者は奴隷となる時代もありました。雇おうとする者が二年間いなければ一回目が鞭打ちと烙印《らくいん》、二回目は処刑という厳罰に処せられる時代もありました。マルクスはこう憤激しています。

「暴力的に土地を収奪され、放逐され、浮浪人にされた農村民は、奇怪凶暴な法律に鞭打たれ、烙印され、拷問されて、賃金労働の制度に必要な訓練を施された」。

　さらに国家は賃金の最高限度を指示したり、労働者の団結権を奪ったりと、ブルジョワジーを後押しします。そういう支援を得てこそ資本主義は発展できたというのがマルクスの分析です。

summary

暴力的に土地を収奪された農民は、法律に鞭《むち》打たれ、烙印《らくいん》され、拷問されて、賃金労働の制度に必要な訓練を施された。
（第3巻7篇24章）

10

真の革命はいつなされるのか

69

資本は
頭から爪先まで
血を滴らせて
生まれるものである。

資本主義の出発点となる富の蓄積は、暴力や収奪といった悪徳によってなされたわけです。さらに植民地支配も大きな役割を果たしたと、マルクスは指摘しています。「アメリカにおける金銀産地の発見、原住民の掃滅《そうめつ》、奴隷化、鉱山内への埋没、東インドの征服と掠奪《りゃくだつ》の開始、アフリカの商業的黒人狩猟場への転化、これらのものによって、資本主義的生産時代の曙光《しょこう》が現われる。これらの牧歌的過程は、本源的蓄積の主要要素である。地球を舞台とするヨーロッパ諸国民の商業戦がこれに続く」。

　ヨーロッパ列強は土地や資源を奪い、奴隷を得るための「背信、籠絡《ろうらく》、殺戮《さつりく》、卑劣の比類のない絵巻物を繰りひろげる」ことで莫大な富を手にしました。マルクスは「植民制度、国債、重税、保護、商業戦等、これらの本来の工場手工業《マニュファクチャ》時代に生じた若芽は、大工業の幼年期中に巨大に成長する」と述べた上で、こんな締めの言葉を記しています。

「資本は頭から爪先まで、毛穴という毛穴から、血と脂《あぶら》とを滴《したた》らしつつ生まれるのである」。

　凄まじい表現ですが、ヨーロッパにおける資本主義はこうして始まったのです。ヨーロッパ資本主義が世界中で行った陰惨なまでの収奪については、たとえば宣教師ラス＝カサスの『インディアスの破壊についての簡潔な報告』といった個別的な記録もあります。それらを俯瞰《ふかん》し、独創的に分析したのがマルクスだといえるでしょう。

summary

資本は頭から爪先まで、毛穴という毛穴から、血と脂《あぶら》とを滴《したた》らしつつ生まれる。

（第3巻7篇24章）

常に一人の資本家が多くの資本家を滅ぼす。

資本主義システムができるには、①多くの人の小さな所有が少数の大量所有になる、②小さな所有を奪われた人が多くの労働者になる、という流れがありました。

この流れは資本家にも当てはまります。多くの資本家や企業が誕生しては、生存競争の末に集約されていきます。その凄まじさを表したのが、一代で石油帝国を築いたジョン・ロックフェラーの「アメリカン・ビューティーは、周りの蕾《つぼみ》を犠牲にして初めて見事に咲き誇る」という言葉です。アメリカン・ビューティーとはバラの一種で、ロックフェラーが築いた独占企業スタンダード・オイルの比喩です。

一つの独占企業の成功の陰には、それに叩き潰され、吸収された無数の企業があります。実際、ロックフェラーはシェアが九三%の時も、「九三%のことは忘れ、残りの七%に全力を傾けろ」と檄《げき》を飛ばしました。敵対企業には「スタンダードは慈悲の天使だ」と硬軟両様の圧力をかけることで帝国を築いたのです。現代のグーグルやアマゾンのような、圧倒的な独占の栄光の影には、多くの資本の滅びがあります。

マルクスはこう言っています。

「つねに一人の資本家が多くの資本家を滅ぼす」。

競争の結果、一握りの資本家による独占が進みます。現代がそうでしょう。では、果たしてその先には何があるかという考察が、マルクス自身が仕上げた『資本論』第一巻の締めとなります。

summary

常に一人の資本家が多くの資本家を滅ぼす。

（第3巻7篇24章）

71

資本家は本能的に損失を他人に背負わせる。

資本家同士の関係について、マルクスはこう言っています。

「万事が好調に運ぶあいだは、競争は……資本家階級の実践的友愛として働き、したがって資本家階級は、共同的に、各自の賭けた物の大きさに比例して、共同の獲物を分け取る。しかし、もはや利潤の分配ではなく損失の分配が問題になるや否や、各自ができるだけ自分の割り前を減らして他人に背負いこませようとする」。

資本家は常に競争する存在です。だから、資本主義が発達するほど、少数の資本家による多数の資本家の「虐殺」が進むとマルクスは考えました。

好況時は投資や規模に応じた利益をみんなが得られ、問題は大きくなりません。しかし、景気や業界環境が悪化すると状況は一変します。得られるものが少なければ、分け合うのではなく、強いものから先に取るのが弱肉強食の資本主義社会です。大手による弱小の買収や合併、弱小の倒産などが相次ぐことになります。

日本でもバブル崩壊後の金融危機によって、金融機関の合併吸収が相次ぎました。損失分配では「誰が貧乏くじを引くか」が駆け引きの対象になります。不況や恐慌という危機を越えた企業は強くなり、越えられなかった企業は弱くなるか消え去るのが資本主義社会の原則です。

summary

万事が好調なあいだ、資本家階級は、賭けの大きさに比例して、共同の獲物を分け取る。しかし、損失の分配が問題になるや否や、自分の割り前を減らして他人に背負いこませようとする。

（第6巻3篇15章）

72

資本は人間の労働と血肉を浪費する。

マルクスは「資本主義的生産が、あらゆる吝嗇《りんしょく》（物惜しみ）にもかかわらず、人間材料については全く浪費的であること」を憤っています。

資本家は利潤を増やすために徹底してムダを削り、機械や材料の効率的な使い方を工夫します。これがマルクスの言う「あらゆる吝嗇」です。ところが資本家は労働力を提供する人間については、一転して浪費家になります。労働者の血肉を消費するのです。たとえば、狭く不健康な建物の中に労働者を詰め込んでも平気です。危険な機械に安全策を講じることにも無関心です。

環境を整えること、つまり労働者のために生産過程を快適にしたり、せめて耐えられる程度に改善したりすることは「資本家的立場からすれば、全く無目的で無意味な浪費」だというのがマルクスの指摘なのです。

こうも断じています。「資本主義的生産は……他のいかなる生産様式よりもはるかに甚だしく、人間の……肉と血……神経と脳髄との浪費者でもある」「利潤のために行なわれるばあいには、……〔殺害は殺人に非ず〕」。

凄まじい言葉が並んでいますが、確かに**「人間の代わりはいくらでもいる」というように人間性を破壊してまで利潤を追求する時代があったのです。**それは現代にも通底します。資本には常に非人間的な面があり、現代のブラック企業は氷山の一角に過ぎないのかもしれません。

summary

資本主義的生産は、あらゆる吝嗇《りんしょく》にもかかわらず、人間材料については全く浪費的である。
（第6巻1篇5章）

73

労働者の取り分が増えると恐慌が始まる。

『資本論』は恐慌について何度か触れています。マルクスは当初、恐慌が資本主義の崩壊と革命につながると考えていました。しかし、**研究を進めるうちに、恐慌は経済の循環として周期的に起きる一過性のものだと考え始めたようです。**労働者が恐慌によって苦しめられる一方で、資本は恐慌さえ利用して肥え太っていくとも考察しています。

こう述べています。

「恐慌は、労働賃金が一般的に上昇して、労働者階級が年生産物中の消費向け部分におけるより大きな分け前を現実に受取る時期、まさにこの時、準備される」。

たとえば日本では一九八六年から九一年二月までバブル経済が続きました。日経平均は過去最高値まで上昇しました。「大きな分け前」を受け取って、人々は浮かれていました。

しかし、九一年三月からバブル崩壊が始まって、世界最強といわれた日本経済は一転して低迷期に入ります。そこから「失われた二十年」へと入っていくのです。こうした流れを見ると、マルクスの指摘の正しさがよくわかります。アメリカのITバブルや住宅バブルも経済の絶頂期に準備されていました。「資本主義的生産は、かの労働者階級の相対的繁栄を、ただ一時的にのみ、しかもつねに恐慌の前触れとしてのみ許す」のです。

summary

恐慌は、労働賃金が一般的に上昇して、労働者階級が年生産物中の消費向け部分におけるより大きな分け前を受取る時期、まさにこの時、準備される。

（第5巻3篇20章）

74

恐慌の前には資本の大きな移転が行われる。

バブル期には、怪しげな「バブル紳士」が跋扈《ばっこ》するのが世の常です。

「かような時期にはきまって山師《やまし》的計画が横行し、資本の大きな移転が行なわれる。一団の投機師、請負師、技師、弁護士等が富をなす」。

マルクスはこう述べ、一八四七年にイギリスで起きた鉄道建設ブームにからむ恐慌を分析しています。

鉄道工事には大量の労働力が必要なため、他の事業から労働力を吸収し、賃金を上昇させます。多くの農業労働者が鉄道建設に向かい、農作物の生産が不足しました。鉄道建設に多額の資金が投じられたため、資金の逼迫《ひっぱく》も起きました。一種の鉄道バブルです。マルクスはこの状態を**「長期間にわたって生産手段も生活手段もまた何らの効用も供給しないが、しかし年々の総生産から労働、生産手段、および生活手段を引上げる」**と述べています。

鉄道建設は周辺地の値上がりなどももたらします。お金は、一攫千金《いっかくせんきん》的に儲かるほうへ流れやすいものです。本来はものづくりに向かうお金（生産資本）が鉄道建設やその周辺に向かい、投機的な計画が乱立します。

もちろん、バブル崩壊と共に無謀な計画は頓挫《とんざ》し、山師は消え去ります。バブル期には軽視されがちだったものづくりも徐々に復活します。しかし生産資本は大きなダメージを受け、労働者を苦しませることになるのです。

summary

恐慌の前には山師《やまし》的計画が横行し、資本の大きな移転が行なわれる。投機師、請負師等が富をなす。

（第4巻2篇16章）

75

労働力は一時的に高値になっても結局は買い叩かれる。

鉄道建設のような大規模で長期的な事業は、強壮な若者を中心に労働市場から一定量の労力を引き上げます。その際、賃金は一般的に上昇に転じます。労働者予備軍の存在は賃金の上昇を抑え、押し下げるものですが、大規模事業が労働予備軍や他の事業の労働力を引き上げることで、労働市場全体の賃金も上がるわけです。

賃金の上昇は労働者にとってありがたいことですが、いつまでも続くことはありません。マルクスはこう指摘しています。

「このこと（賃金の上昇）は、不可避的な崩壊が、再び労働者の予備軍を遊離させて、賃金が再びその最低限またはそれ以下に圧し下げられるまで、続く」。

さらにマルクスは、ここに次のような注釈をつけています。

「資本主義的生産様式における矛盾。労働者は商品の買い手としては、市場にとって重要である。しかし、彼らの商品――労働力――の売り手としては、資本主義社会は、これを最低限の価格に制限する傾向をもつ」。

summary

労働者は商品の買い手として重要である。しかし、資本主義社会は、彼らの商品である労働力を最低限の価格に制限する傾向をもつ。

（第4巻2篇16章）

資本は商品の買い手として労働者を必要としますが、労働力の価格はつねに最低限に抑え込もうとするのです。そのため資本主義社会の大多数の成員は「常に貧乏であり常に貧乏でなければならない」というのがマルクスの冷徹な分析です。

76

資本主義的私有の最期を告げる鐘が鳴る。

資本主義が発展すると資本の独占や寡占が進みます。 企業が巨大化、グローバル化した先に何が待つのかを、マルクスはこう述べています。「あらゆる利益を横領し独占する大資本家の数の不断の減少とともに、窮乏、抑圧、隷従、堕落、搾取の度が増大するのであるが、また、たえず膨張しつつ資本主義的生産過程そのものの機構によって訓練され結集され組織される労働者階級の反抗も、増大する」。

資本の蓄積と共に窮乏も蓄積され、格差は一段と広がります。しかし、同時に何万人もの労働者が組織化され、これ以上の搾取を止めさせようとする労働運動も激しくなるとマルクスは考えていました。

その結果**「資本主義的私有の最期を告げる鐘」**が鳴り始めます。民衆が、少数の簒奪《さんだつ》者である独占資本から富を奪還し、労働者中心の社会が実現するわけです。資本家の横暴で残酷な振る舞いに最後の審判が下されるとマルクスは予言したのです。

その予言が正しいとすれば、労働者革命は資本主義の発展途上国だったロシアや中国ではなく、先進国イギリスで起きるはずでした。しかし、現実はそうなっていません。その意味では予言は外れました。

しかし、マルクスは「いつまでに」というような期限は設けていません。もしかすると、資本主義社会がグローバルな格差の進展にどう臨むかで、マルクスの予言の正否が決まるのかもしれません。

summary

資本主義的私有の
最期を告げる
鐘が鳴る。
収奪者が
収奪される。
（第3巻7篇24章）

77

必然性の国を基礎として、自由の国が始まる。

『資本論』は資本が蓄積する過程や仕組みを描き出す一方で、価値の源泉である労働者が置かれた言語を絶する悲惨な状況を詳しく記録しています。しかし、**その悲惨さゆえに労働者は団結し、結果として真の「自由の国」が生まれるという希望をマルクスは持っていました。**こう述べています。

「文明人が発展するほど、この自然必然性の国は拡大される。諸欲望が拡大されるからである。しかし同時に、諸欲望を充たす生産諸力も拡大される。この領域における自由は、ただ次のことにのみ存しうる。すなわち、社会化された人間、結合された生産者が……支配されることをやめて、これを合理的に規制し、彼らの共同の統制のもとに置くこと……である。しかし、これは依然としてなお必然性の国である。この国の彼方《かなた》に……かの必然性の国をその基礎としてその上にのみ開花しうる自由の国が、始まる」。

拡大する人間の欲望に応えようと生産力も拡大を続けますが、それだけでは限界がきます。そこで求められるのが、資本主義がつくり上げた生産力を共同で所有・制御することによって人間にふさわしい国を創造することです。これが資本主義の先にある「必然性の国」です。

マルクスはその先に「自由の国」が訪れると考えていました。そこでは労働者を苦しめてきた労働日の短縮ができるというのです。果たして私たちの未来はどのような国をつくり上げるのでしょうか。

summary

かの必然性の国を基礎として、その上にのみ開花しうる自由の国が、始まる。

（第9巻7篇48章）

参考文献

本書の引用は、向坂逸郎《さきさかいつろう》氏の訳による岩波文庫版『資本論』に拠《よ》りました。向坂氏はマルクス主義経済学の泰斗《たいと》であり、マルクス主義の理論的指導者としても戦前、戦後にわたって活躍した人物です。記して感謝を申し上げます。

なお、引用文の省略箇所を、本書では「……」で示し、引用文の文字遣いについては、本文と統一させていただきました。また、「まえがき」でも言及しましたが、本書の「summary」の欄に記載されている巻数は、日本の読者のために、マルクスによるドイツ語版ではなく、向坂氏の訳による岩波文庫版『資本論』と対応するようにいたしました。

好評！ 齋藤　孝の本（単行本）

『大人の語彙力ノート』

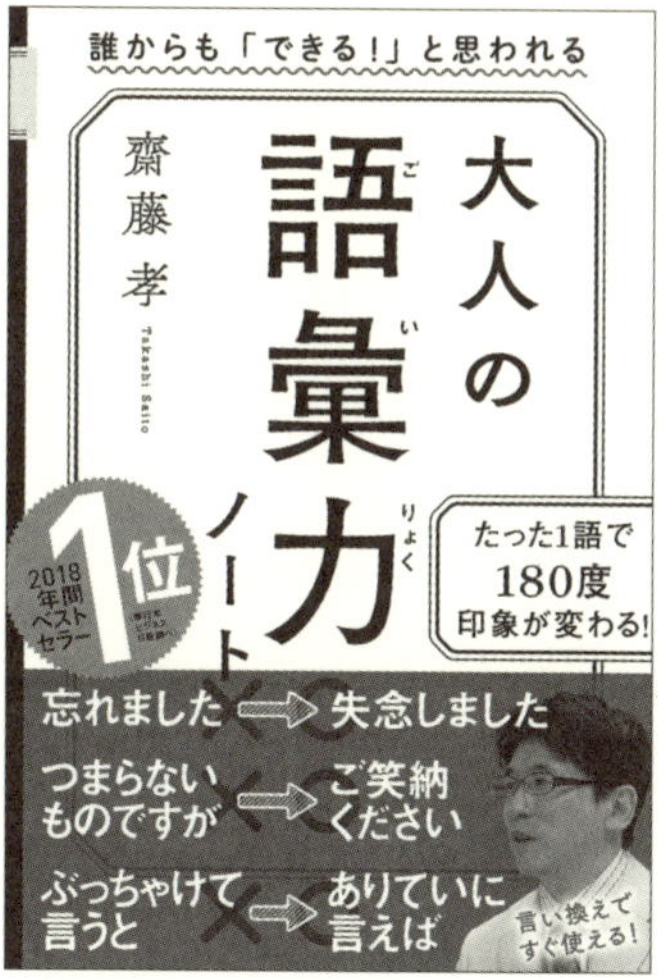

本体価格一三〇〇円
ISBN 978-4-7973-9344-6

『1分間論語』

本体価格一〇〇〇円
ISBN 978-4-7973-9909-7

『大人の語彙力ノート どっちが正しい？編』

本体価格一三〇〇円
ISBN 978-4-7973-9605-8

著者略歴

カール・マルクス

ドイツの経済学者、哲学者、社会思想家。1848年にエンゲルスとの共著で『共産党宣言』を執筆し、唯物史観を確立する。貧困の中、その後も執筆活動を続け1867年にはマルクス経済学の主著『資本論』第一巻を発表。その社会分析は、政治学、歴史学、社会学などを内包する思想体系、「マルクス主義理論」を作り出している。

監修者略歴

齋藤 孝 (さいとう・たかし)

1960年、静岡県生まれ。東京大学法学部卒業。同大学院教育学研究科博士課程等を経て、明治大学文学部教授。専門は教育学、身体論、コミュニケーション論。『身体感覚を取り戻す』(NHK出版)で新潮学芸賞。日本語ブームをつくった『声に出して読みたい日本語』(草思社)で毎日出版文化賞特別賞。著書に『語彙力こそが教養である』(KADOKAWA)、『大人の語彙力ノート』『知性の磨き方』『悔いのない人生』(小社)など多数。NHK Eテレ「にほんごであそぼ」総合指導。

1分《ぷん》間《かん》資《し》本《ほん》論《ろん》

2019年3月15日　初版第1刷発行

監 修 者　齋藤 孝

発 行 者　小川 淳
発 行 所　SBクリエイティブ株式会社
〒106-0032　東京都港区六本木2-4-5
電話：03-5549-1201（営業部）

装　　丁　寄藤文平+吉田考宏(文平銀座)
執筆協力　桑原晃弥
編集協力　吉田 宏(アールズ)
校　　正　小倉優子
本文DTP　白石知美(システムタンク)
編集担当　小倉 碧
印刷・製本　三松堂株式会社

落丁本、乱丁本は小社営業部にてお取り替えいたします。
定価はカバーに記載されております。本書の内容に関するご質問等は、
小社学芸書籍編集部まで必ず書面にてご連絡いただきますようお願いいたします。

ISBN 978-4-7973-9744-4